REZEPTE! REZEPTE!! REZEPTE!!!

Sabine Pesch (Hrsg.)

Ciabatta, Crostini & Co.

FALKEN

Inhalt

Tipps zu den Rezepten 3

Italienisches Brot 4

Rezeptteil

Italienische Brotklassiker 10

Prall gefüllte Sandwiches 26

Edles fürs Partybuffet 50

Leichte Variationen für Figurbewusste 74

Rezeptverzeichnis nach Rubriken 92

Alphabetisches Rezeptverzeichnis............. 94

Tipps zu den Rezepten

Die Portionsangaben
Sofern nicht anders angegeben, sind alle Rezepte für 4 Personen berechnet.

Die Zubereitungszeiten
Sie beinhalten sowohl die Vorbereitungszeit als auch die Garzeit. Eventuelle Sonderzeiten, z. B. für das Gehen, Quellen oder Ruhen, sind gesondert aufgeführt.

Die Kalorienangaben
Sie beziehen sich in der Regel auf 1 Portion bzw. 1 Stück.

Die Zutatenmengen
Sie beziehen sich auf die ungeputzte Rohware. Sind Stückzahlen angegeben, wird von einem Stück mittlerer Größe ausgegangen.

Die Abkürzungen

EL	= Esslöffel (gestrichen)	TK-…	= Tiefkühl-…
TL	= Teelöffel (gestrichen)	F. i. Tr.	= Fett in der Trockenmasse
Msp.	= Messerspitze	kcal	= Kilokalorien
gem.	= gemahlen	ø	= Durchmesser
getr.	= getrocknet	Min.	= Minute(n)
		Std.	= Stunde(n)
		Pr.	= Prise

Italienisches Brot

Brot als Inbegriff menschlicher Nahrung

Brot ist eine der ältesten zubereiteten Speisen der Menschheit. Hergestellt aus Getreide, Mehl, Salz, Wasser, Hefe oder Sauerteig, ist es zum Inbegriff menschlicher Nahrung geworden. So einfach die Zutaten, so vielfältig sind die Formen und Namen, die Brot weltweit hat.
In Europa wird seit 6000 Jahren Brot gebacken. Die Vorstufe des Brotes ist der Brei. Brot und Brei haben die gleichen Zutaten, unterscheiden sich jedoch in der Herstellung. Während beim Ersteren das Getreide gekocht wird, muss Brotteig geknetet werden, zur Lockerung längere Zeit ruhen und benötigt zum Backen einen aufgeheizten Backofen. In Europa war das Prinzip des gemauerten römischen Backofens von der Antike bis ins Industriezeitalter vorherrschend.

Brotgenuss nach italienischer Tradition

Noch heute kann man in ländlichen Regionen Italiens, vor hohen Festtagen, wie Ostern, alte Backöfen in Betrieb sehen. Der Duft und Anblick des Brotes und der Festtagsgebäcke vermittelt eine ganz besondere ursprüngliche Atmosphäre.
Italien ist reich an unterschiedlichen Brotsorten und -formen, wobei jede Region ihre eigenen Besonderheiten in Form und Namensgebung aufweist. Brot ist fester Bestandteil eines italienischen Essens.
Es wird ohne Butter zu jeder Mahlzeit gereicht. Häufig dient es auch als Zutat für andere Gerichte, ein Beispiel ist die Panzanella, ein Salat aus altbackenem Brot, Tomaten, Essig und Öl. Es ist die Basis für eine ganze Fülle von Brotköstlichkeiten. Frisches oder geröstetes Brot wird üppig oder einfach belegt.
Die Italiener bevorzugen Brote aus feinem Weizenmehl. Weizenvollkornmehle werden aus der Tradition heraus leider seltener verwendet. Mais- und Roggenmehl werden jedoch mit verbacken, ebenso Kräuter wie zum Beispiel Rosmarin, Oregano und Salbei, außerdem Nüsse und auch gekochte, passierte Kartoffeln.
Zudem gibt es das Bauernbrot, bei dem es sich um ein rustikales Graubrot handelt, welches auf dem Land häufig noch in alten Backöfen selbst gebacken wird.

Brotherstellung

In Italien wird hauptsächlich Weizenmehl verbacken. Weizen ist weltweit das bedeutendste Getreide. Der Eiweißgehalt des Weizens, auch als „Kleber" bezeichnet, verleiht den Weizenmehlen hervorragende Backeigenschaften und begründet seine Beliebtheit als Brotgetreide.
Roggen spielt bei den italienischen Brotsorten eher eine untergeordnete Rolle, wird aber beim Bauernbrot häufig mit verbacken. Dabei ist er ein ausgesprochenes Brotgetreide. Um den Klebergehalt des Roggenmehls bei der Brotherstellung aufzuschließen, benötigt man jedoch Sauerteig.
Das dritte italienische Brotgetreide ist Mais. Maismehl hat aufgrund des fehlenden Klebers keine guten Backeigenschaften. Es ist jedoch sehr sättigend und stand gerade der armen Bevölkerung häufig zur Verfügung. Maisbrot gehört auch heute noch, aus der Tradition heraus, ins italienische Brotsortiment.

Der Klebergehalt eines Mehles ist entscheidend für die Bindefähigkeit, Elastizität und Gärung des Teiges und damit letztendlich auch für die Schneid- und Lagerfähigkeit des Brotes. Der Gehalt an Klebereiweiß ist abhängig von der Lage und dem Klima des Getreideanbaugebietes, sowie von der jeweiligen Witterung während der Reifezeit.
Die Qualität des Brotes hängt jedoch nicht nur vom gewählten Mehl ab. Entscheidend ist auch das gute Durchkneten des Teiges, also die handwerkliche Fähigkeit des Bäckers. Backtriebmittel sorgen für eine gute Lockerung. Die natürlichen biologischen Backtriebmittel sind Hefe und Sauerteig. Sauerteig ist das natürlichste und älteste Triebmittel der Brotgärung und wird meistens für das Backen von dunkleren Brotsorten, vor allem Roggenbroten, verwendet. Der Kleber des Roggens benötigt die Milchsäure des Sauerteiges, damit ein elastischer, lockerer und sehr aromatischer Teig entstehen kann.
Hefe wird als natürliches Backtriebmittel hauptsächlich in Gebieten verwendet, wo man Brot aus Weizen und Dinkel verbäckt. Die Hefepilze vergären Kohlenhydrate, also Zucker und Stärke, zu Alkohol und Kohlendioxid und bewirken so das Aufgehen des Teiges.

Italien ist ein Weizenbrotland, in dem hauptsächlich mit Hefe gebacken wird. Die Kunst seiner Bäcker zeigt sich in der Vielfalt der Formen und Geschmacksrichtungen und lädt uns zum Kennenlernen ein.

Die wichtigsten italienischen Brotsorten

Pane
Pane ist ein lockeres Weizenmehlbrot, welches je nach Region in Größe und Kruste variiert. Meist hat es eine sehr rustikale und unregelmäßige Form. Es ist das Brot für den Alltag.

Baguette
Dieses aus Frankreich stammende Weißbrot ist in Italien sehr beliebt. Es zeichnet sich durch eine knusprige Kruste und eine feine, lockere Brotkrume aus, typisch ist die Stangenform in unterschiedlicher Länge und Dicke.

Ciabatta
Ciabatte sind Brötchen und kleine Brote, deren Zubereitungsart ursprünglich aus der Gegend von Como stammt. Sie haben durch den Zusatz von Olivenöl einen sehr feinen Geschmack, eine lockere, luftige Krume und eine dünne, doch kräftige Kruste.

Inzwischen bekommt man Ciabatta („dicke Hülle mit viel Luft drin“) als frisches Brot auch in den meisten deutschen Bäckereien und zum Fertigbacken in vielen Supermärkten. Da Ciabattabrote meist große Luftblasen haben, das heißt, innen zum Teil hohl sind, eignen sie sich auch gut zum Füllen.

Toskanabrot
Typisch für diese großen, runden Brotlaibe ist der salzlose Teig. Durch den neutralen Geschmack ist das Toskanabrot, auch pane sciocco genannt, sehr gut als Begleiter für salzigen Schinken und Käse geeignet.

Pani piccoli
Diese „kleinen Brote“ gibt es in den unterschiedlichsten Formen und Geschmacksrichtungen. Beispiele sind die Bovette aus Norditalien oder die Michette, auch „Mailänder Brötchen“ genannt, die mit viel Hefe zubereitet werden und deshalb groß und knusprig, aber innen hohl sind. Hinzu kommen die französischen Brötchen, auch Baguettebrötchen genannt, ciabatte, rosette, Milchbrötchen, Brötchen mit den unterschiedlichsten Geschmackszutaten wie Kartoffeln, Kürbis, Nüssen und Gewürzen.

Toastbrot und Kastenweißbrot
Beide Brotsorten sind international. Der neutrale Geschmack und die einheitliche Form der Scheiben machen sie zur idealen Grundlage für belegte Brote und Sandwiches, wobei jedes Land seine typische Zubereitung kennt und die italienische Vielfalt kaum zu überbieten ist.
Toastbrot ist ein lockeres Weißbrot mit Fett, das sich sehr gut rösten lässt.

Köstliche italienische Brotsnacks

Bruschetta
Bruschette sind beidseitig geröstete Scheiben von Bauern- oder Weißbrot, die anschließend mit Olivenöl oder Knoblauch gewürzt werden. Sie sind auch unter dem Namen „fettunta" oder „panunta" bekannt, was so viel wie „Brot mit Öl" bedeutet. Obwohl die Zutaten sehr einfach sind, ist ihre hohe Qualität für den Geschmack entscheidend. Wichtig ist ein geschmackvolles, kräftiges und gut aufgegangenes Brot und ein hochwertiges, schonend gepresstes Olivenöl. Auf dem Land wird traditionell das Brot häufig über offenem Kastanien- oder Rebholzfeuer geröstet, sodaß der würzige Holzrauch den Bruschette eine besondere Note gibt.

Crostini
Geröstete Weißbrotscheiben vom Baguette oder Ciabatta-Brot werden belegt und nochmals überbacken. Sie haben ihren Namen vom kross gerösteten Brot und sind in zahlreichen Varianten bekannt. Besonders beliebt sind sie als Vorspeise und zum Wein.

Panini
Panini ist ein Sammelbegriff für meist sehr vielfältig und abwechslungsreich belegte Brote und Brötchen in den unterschiedlichsten Geschmacksrichtungen. Die Fantasie der Italiener scheint hier geradezu unerschöpflich. Unterschiedliche Salamisorten, Mortadella, Parmaschinken, Pilze und zahlreiche Gemüsesorten werden in immer neuen Kombinationen vereinigt.

Tramezzini
Tramezzini ist die italienische Bezeichnung für den internationalen Begriff „Sandwich". Scheiben vom Toastbrot oder Kastenweißbrot werden frisch oder geröstet, üppig oder einfach belegt. Sie sind besonders zum Picknick oder als Imbiss beliebt. Auch hier scheint die italienische Küche nahezu unbegrenzt immer neue appetitliche Snacks zu kreieren. Es gibt unterschiedliche Zubereitungsformen, abgestimmt auf die Wahl des Belags oder die Gelegenheit, zu der die Tramezzini verspeist werden. Handelt es sich bei dem Belag um frischen Salat oder rohes Gemüse, die nicht mehr erhitzt werden sollten, röstet man die Brotscheiben vor dem Belegen oder aber garnicht.
Bei Füllungen mit Käse oder Obst kann das gefüllte Sandwich im Sandwichtoaster komplett geröstet werden und ergibt so einen warmen, knusprigen Imbiss mit süßer oder pikanter Füllung.

Brotvariationen all' italiana

Die folgenden Rezepte zeigen Ihnen, wie man mit Phantasie und mal einfachen, mal exquisiten Zutaten aus einem Grundnahrungsmittel Gaumenschmeichler für jede Gelegenheit und jeden Geldbeutel zaubern kann.

Buon appetito!

Bruschetta-Variationen

sehr einfach

- *Für 4 Personen*
- *Zubereitung: ca. 30 Min.*
- *ca. 365 kcal je Portion*
- *dazu passt ein kräftiger italienischer Rotwein*

ZUTATEN

8 Scheiben italienisches Bauern- oder Graubrot
3–4 Knoblauchzehen
8 EL kaltgepresstes Olivenöl
Salz
schwarzer Pfeffer

Variation
4 Tomaten
frisches Basilikum
oder
1 Dose Thunfisch in Wasser

1. Die Brotscheiben im Ofen von beiden Seiten grillen oder im Toaster rösten. Die Knoblauchzehen schälen, mit einer Knoblauchpresse zerdrücken oder mit einem Löffel grob zerquetschen.

2. Die Tomaten am runden Ende über Kreuz einritzen, kurz überbrühen, abschrecken und enthäuten. Sie dann vierteln, die Stielansätze herausschneiden. Die Tomaten entkernen, anschließend fein würfeln, das Basilikum waschen und grob hacken.

3. Das geröstete warme Brot mit Knoblauch einreiben und mit dem Olivenöl beträufeln, mit Salz und schwarzem Pfeffer würzen und sofort heiß servieren.

4. Oder das Brot sofort nach dem Rösten mit Knoblauch einreiben, Tomatenwürfel und Basilikum darauf verteilen, mit Olivenöl übergießen und dann mit Salz und Pfeffer würzen.

5. Eine weitere köstliche Variation ist das Bestreichen der gerösteten, warmen Brotscheiben mit einer Thunfischpaste. Dazu lässt man den Thunfisch kurz abtropfen, zerdrückt ihn anschließend mit einer Gabel, verrührt ihn mit dem Olivenöl und dem zerdrückten Knoblauch und schmeckt ihn mit Salz und Pfeffer ab.

OLIVENÖL

Für den Geschmack der Bruschette sind vor allem die Qualität und das Aroma des Olivenöls verantwortlich. Die höchste Qualität und den fruchtigsten Geschmack bietet kaltgepresstes Olivenöl der ersten schonenden Pressung. Es wird auch als „olio virgine" oder als „natives Olivenöl" bezeichnet, hat eine hellgrüne Farbe und einen sehr guten Geschmack.

Panzanella – Italienischer Brotsalat

sommerlich frisch

- *Für 4 Personen*
- *Zubereitung: ca. 30 Min.*
- *ca. 570 kcal je Portion*
- *dazu passt ein kräftiger Rotwein*

ZUTATEN

600 g altbackenes Toskanabrot oder Weißbrot
4 reife, feste Tomaten
3 EL Rotweinessig
8 EL kaltgepresstes Olivenöl
2 Knoblauchzehen
2 rote Zwiebeln
1 Bund frisches Basilikum
frisch gemahlener schwarzer Pfeffer
Salz

1. Das Brot grob in Scheiben schneiden und in einer Schüssel mit kaltem Wasser ca. 15 Minuten einweichen, anschließend gut ausdrücken und in eine Salatschüssel bröseln.

2. Salz, Essig und Olivenöl zu einer Marinade verrühren. Die Knoblauchzehen schälen, hacken und hinzufügen.

3. Die Zwiebeln schälen und in feine Ringe schneiden. Das Basilikum waschen und trockentupfen, je nach Blattgröße von Hand grob zerzupfen.

4. Die Zwiebeln und das Basilikum unter die Brotstücke heben und mit der Marinade übergießen. Den Brotsalat gut mischen und kräftig mit Pfeffer abschmecken.

5. Die Tomaten waschen, vom runden Ende befreien, in Spalten schneiden, leicht salzen und zusammen mit dem Salat anrichten. Mit Basilikumblättern garnieren.

BROT

Brot genoss und genießt hohe Wertschätzung. In früheren Zeiten hatte man Ehrfurcht vor dem Brot, als Inbegriff menschlicher Nahrung und Geschenk der Natur. Deshalb hätte man altbackenes Brot niemals weggeworfen oder vernichtet. Es gibt zahlreiche Gerichte, in denen solches Brot weiter verarbeitet wird. Ein typisches italienisches Beispiel ist die Panzanella, eine Brotköstlichkeit, die, gerade an heißen Tagen kühl serviert, hervorragend schmeckt.

Panzanella – Italienischer Brotsalat

Marinierte „Neonata" mit Zitrone und Crostini

außergewöhnlich

- *Für 4 Personen*
- *Zubereitung: ca. 30 Min. (plus ca. 4–5 Std. zum Marinieren)*
- *ca. 420 kcal je Portion*

ZUTATEN

600 g „Neonata", ganz junge frische Fische, z. B. Sardinen (küchenfertig)
Saft von 5 Zitronen
6 EL Olivenöl
frische Minze
Knoblauch
Pfeffer, Salz
8 kleine Scheiben Baguette

1. Die frischen, jungen Fische gründlich waschen, trockentupfen und in einer Keramikform ausbreiten. Die Zitronen auspressen und mit dem Saft die Fische ca. 4 bis 5 Stunden marinieren.

2. Danach den Zitronensaft abgießen. Die Knoblauchzehen schälen, fein hacken, mit den Minzblättern, Salz, Pfeffer und Olivenöl mischen und die Fische damit würzen.

3. Die Brotscheiben im Backofen oder im Toaster rösten, auf Teller verteilen und die marinierten Fische darauf anrichten. Mit Zitronenscheiben und Minzblättern garnieren.

TIPP

Bei diesem typisch sizilianischen Gericht sollte ganz besonders auf die Frische der Zutaten geachtet werden, vor allen Dingen was den Fischeinkauf betrifft.

Fischsuppe mit Crostini

delikat

- *Für 4 Personen*
- *Zubereitung: ca. 45 Min.*
- *ca 365 kcal je Portion*

ZUTATEN

500 g frische Miesmuscheln
1 Bund Suppengrün
1 l Fischfond aus dem Glas
500 g gemischte Fischfilets (Kabeljau, Rotbarsch und Zander)
150 g TK-Erbsen
4 Tomaten
2 Msp. Salz
1 Msp. Pfeffer
4 dünne Scheiben Baguette
etwas Butter zum Bestreichen
150 g Edamer
1 Bund frischer Dill

1. Die Muscheln unter fließendem Wasser gut abbürsten. Die Bärte entfernen und bereits geöffnete Muscheln aussortieren.

2. Das Suppengrün putzen und klein schneiden. Den Fischfond zusammen mit dem Suppengrün aufkochen lassen. Die Muscheln hineingeben und 8 bis 10 Minuten darin köcheln. Den Ofen auf 250 Grad vorheizen.

3. Die Muscheln herausheben, nicht geöffnete wegwerfen. Das Muschelfleisch aus den Schalen lösen. Die Brühe durchsieben und wieder aufkochen lassen.

4. Die Fischfilets waschen, in mundgerechte Stücke schneiden und zusammen mit den Erbsen in die Brühe geben. Alles ca. 10 Minuten bei milder Hitze ziehen lassen.

5. Die Tomaten am runden Ende kreuzweise einschneiden, kurz überbrühen, abschrecken, enthäuten, achteln, vom Stielansatz befreien, entkernen und zusammen mit dem Muschelfleisch in die Suppe geben. Salzen und pfeffern.

6. Die Baguettescheiben mit Butter bestreichen und auf ein Backblech legen. Den Käse raspeln und auf die Baguettescheiben streuen. Die Brote im Ofen ca. 10 Minuten überbacken.

7. Den Dill waschen, trockenschütteln und fein hacken. Die Suppe auf Teller verteilen, mit je einem Crostino belegen und mit dem Dill bestreuen.

Fischsuppe mit Crostini

Tomatensuppe mit Brot

sättigend

- *Für 4 Personen*
- *Zubereitung ca. 1 Std. 30 Min.*
- *ca. 440 kcal je Portion*

ZUTATEN

7 EL Olivenöl
3 Knoblauchzehen
1 kg frische Tomaten
1 Bund frisches Basilikum
1 l Fleischbrühe
Salz
Pfeffer
350 g altbackenes, gewürfeltes Bauernbrot
frisch geriebener Parmesan

1. Die Tomaten am runden Ende über Kreuz einritzen, kurz überbrühen, abschrecken und enthäuten. Sie dann vierteln, die Stielansätze herausschneiden und die Tomaten würfeln. Die Knoblauchzehen schälen und mit dem Löffel zerquetschen. Das Basilikum abbrausen, trockenschütteln und grob hacken.

2. 5 Esslöffel Olivenöl in einem hohen Topf erhitzen und den Knoblauch darin andünsten. Dann die Tomatenwürfel und das Basilikum hinzugeben und 5 bis 10 Minuten kochen. Danach die Brühe angießen, mit Salz und Pfeffer würzen und erneut zum Kochen bringen.

3. In die kochende Suppe das Brot geben, den Topf zudecken und ca. 1 Stunde köcheln lassen.

4. In die fertige Suppe einen Schuss (ca. 2 Esslöffel) Olivenöl geben und sie mit Parmesan bestreuen und servieren.

Lebercrostini

typisch

- *Für 2 Personen*
- *Zubereitung: ca. 45 Min.*
- *ca. 380 kcal je Portion*

ZUTATEN

1 kleine Zwiebel
1 EL Olivenöl
150 g Hühnerleber
2 Scheiben gekochter Schinken
2 Salbeiblätter
Salz
bunter Pfeffer
Zitronensaft
2 Scheiben Weißbrot
50 g Mozzarella

1. Die Zwiebeln schälen, fein hacken und im heißen Olivenöl glasig dünsten.

2. Die Hühnerleber waschen putzen und in feine Streifen schneiden. In die Pfanne geben und unter Rühren garen. Den Schinken fein schneiden, mit den Salbeiblättern in die Pfanne geben und kurz mitbraten. Das Gericht mit Salz und Pfeffer abschmecken und mit zwei bis drei Esslöffeln Wasser und Zitronensaft ablöschen.

3. Die Brotscheiben leicht toasten und mit den Leberstreifen belegen. Den Mozzarella darauf legen und die fertigen Crostini im Ofen einige Minuten überbacken.

TIPPS

- *Vor der Zubereitung muss immer die Haut von der Leber abgezogen werden. Dies erledigt aber in der Regel schon der Fleischer.*
- *Leber immer nur kurz braten und erst danach salzen, sonst wird sie hart.*

SALBEI

Der violett blühende Salbei ist rund um das Mittelmeer zu Hause, lässt sich aber auch in unseren Breiten im Garten oder auf dem Balkon ziehen. Verwendet werden vor allem die jungen Zweigspitzen, die intensiv würzig-bitter schmecken. Schon ein oder zwei Blätter genügen zum Würzen von gebratener Leber und vielen anderen mediterranen Gerichten.

Tomaten-Mozzarella-Crostini

Tomaten-Mozzarella-Crostini

köstlich

- *Für 4 Personen*
- *Zubereitung: ca. 30 Min.*
- *ca. 270 kcal je Portion*

ZUTATEN

2 reife Tomaten
200 g Mozzarella
4 Scheiben Bauern- oder Toastbrot
2–3 EL Margarine mit Olivenöl, z.B. Olio DANTE Margarine
frischer oder getrockneter Oregano
10 grüne Oliven
Salz
frisch gemahlener Pfeffer
1 EL Olivenöl, z.B. Olio DANTE

1. Die Tomaten waschen, halbieren, aushöhlen und das Fruchtfleisch in Streifen schneiden. Den Mozzarella in 16 und die Oliven in dünne Scheiben schneiden.

2. Die Brote antoasten, halbieren, mit Margarine bestreichen, mit Oregano bestreuen.

3. Jede Brothälfte mit 2 Scheiben Mozzarella, Tomatenstreifen und Olivenscheiben belegen, mit Oregano bestreuen, pfeffern, salzen und auf ein mit Olivenöl eingefettetes Backblech legen. Im vorgeheizten Rohr bei 175 Grad 10 bis 15 Minuten überbacken, heiß servieren.

MOZZARELLA

Mozzarella gehört zu den gebrühten Käsesorten. Im Unterschied zur üblichen Käseherstellung wird dabei der Käsebruch nur grob zerschnitten, mit heißem Wasser gebrüht und dann geknetet. Mozzarella wurde ursprünglich handgeformt aus Büffelmilch hergestellt. Heute wird er vorwiegend aus pasteurisierter Kuhmilch maschinell geformt.
Der weiche, ziemlich feuchte Käse mit dem ausgesprochen milden Geschmack wird vor allem zum Kochen verwendet.

Crostini-Variationen

knusprig

- *Für 4 Personen*
- *Zubereitung: ca. 1 Std.*
- *ca. 520 kcal je Portion*

ZUTATEN

12 Scheiben Baguette oder Ciabatta-Brot, schräg geschnitten

Pilz-Crostini

200 g frische Champions
1 kleiner Bund glatte Petersilie
1 Knoblauchzehe
1 kleine Zwiebel
1 EL kaltgepresstes Olivenöl
Salz
frisch gemahlener Pfeffer

Tomaten-Crostini

4 Flaschentomaten
1 kleiner Bund glatte Petersilie
2 EL eingelegte Kapern
4 EL kaltgepresstes Olivenöl
Salz
frisch gemahlener Pfeffer

Radicchio-Crostini

2 Köpfchen roter Radicchio
1 kleine Zwiebel
1 EL Olivenöl
4 entsteinte schwarze Oliven
Salz, Pfeffer
100 g Gorgonzola
50 g Butter

1. Die Brotscheiben im Backofen bei ca. 220 Grad rösten.

2. Für die Pilzcrostini die Pilze putzen und blättrig schneiden. Den Knoblauch und die Zwiebel schälen, die Petersilie abbrausen und trockenschütteln. Die drei Zutaten fein hacken. Alles zusammen in Olivenöl anbraten, salzen und pfeffern. Etwas köcheln lassen. 4 geröstete Brotscheiben mit den Pilzen belegen und mit Petersilie bestreuen.

3. Für die Tomatencrostini die Tomaten am runden Ende kreuzweise einschneiden, überbrühen, abschrecken, enthäuten, vierteln, vom Stielansatz befreien, entkernen und grob würfeln. Petersilie und Kapern fein hacken. Das Olivenöl erhitzen. Tomaten, Kapern und Petersilie einköcheln lassen. Mit Salz und Pfeffer würzen und auf 4 geröstete Brotscheiben verteilen.

4. Für die Radicchio-Crostini die Zwiebel schälen, in feine Ringe schneiden und in erhitztem Olivenöl andünsten. Den Radicchio in dünne Streifen und die entsteinten Oliven in Scheiben schneiden und zu den Zwiebeln geben. Mit Salz und Pfeffer würzen. Etwas einköcheln lassen, bis der Saft des Radicchio verdunstet ist, dann die restlichen gerösteten Brotscheiben damit belegen. Den Gorgonzola und die Butter mit einer Gabel zu einer feinen Paste verarbeiten. Diese gleichmäßig auf die Brotscheiben verteilen und das Brot nochmals bei ca. 200 Grad überbacken, bis der Käse geschmolzen ist.

Ciabatta mit marinierter Rinderlende

außergewöhnlich

- *Für 4 Personen*
- *Zubereitung: ca. 30 Min. plus 30 Min. zum Marinieren*
- *ca. 300 kcal je Portion*

ZUTATEN

300 g sehr gut abgehangenes Rinderfilet
Ciabatta-Brot in Scheiben
1 kleine Zwiebel
6 EL kaltgepresstes Olivenöl
Saft einer halben Zitrone
Frisch gemahlener schwarzer Pfeffer
2 EL gehobelter Hartkäse oder Parmesan

1. Das Rinderfilet etwa 1 Stunde lang ins Gefrierfach legen. Dann das leicht gefrostete Rinderfilet in hauchdünne Scheiben schneiden und portionsweise auf Tellern ausbreiten.

2. Die Zitrone auspressen. Den Zitronensaft unter ständigem Rühren mit dem Schneebesen mit dem Olivenöl mischen, bis eine leicht gebundene Marinade entstanden ist.

3. Die Fleischscheiben salzen, pfeffern und die Sauce gleichmäßig darüber verteilen. Anschließend das Fleisch ca. 30 Minuten durchziehen lassen.

4. Vor dem Anrichten wird das durchgezogene Fleisch mit der geschälten, fein gewürfelten Zwiebel und dem gehobelten Käse bestreut.

5. Das Ciabatta-Brot wird in dicke Scheiben geschnitten, zum Fleisch gereicht und zum Tunken der Marinade verwandt.

RINDERFILET

Fleisch ist um so feinfaseriger, je weniger Muskelpartien beansprucht werden. Kein Wunder also, dass das Filet, das unter dem Rinderrücken liegt, besonders zart ist. Aus Filet, dem teuersten Fleischstück, werden die Filetsteaks geschnitten oder feines Geschnetzeltes zubereitet. Wichtig ist, dass das Rindfleisch nach der Schlachtung noch 8 bis 14 Tage am Stück gekühlt hängt und das Fleisch reifen kann. Dabei entsteht in den Muskelfasern Milchsäure. Das Fleisch wird zart, mürbe und erhält seinen typischen Geschmack. Nur solches Fleisch ist für dieses Gericht geeignet und macht es zum Genuss.

Crostini mit Bohnengemüse

Crostini mit Bohnengemüse

traditionell

- *Für 4 Personen*
- *Zubereitung: ca. 60 Min.*
- *ca. 530 kcal je Portion*

ZUTATEN

500 g junge Dicke Bohnenkerne
150 g geräucherter Speck
8 Scheiben Baguette
1 Zwiebel
5 EL kaltgepresstes Olivenöl
$^1/_8$ l Fleischbrühe
Salz
frisch gemahlener Pfeffer

1. Die frischen Bohnenkerne ca. 7 bis 8 Minuten in kochendem Wasser blanchieren und anschließend in ein Sieb gießen.

2. Den Speck und die geschälte Zwiebel fein würfeln und in 3 Esslöffeln erhitztem Olivenöl glasig dünsten.

3. Die blanchierten Bohnenkerne dazugeben und kurz andünsten. Die Fleischbrühe angießen und alles etwa 20 Minuten bei schwacher Hitze zugedeckt garen.

4. Für die Crostini die Brotscheiben in den restlichen 2 Esslöffeln Olivenöl in einer Pfanne knusprig rösten und zusammen mit dem Bohnengemüse servieren.

TIPP

- ***Beim Einkauf frischer Dicker Bohnen mit Hülse sollte man gut die doppelte Menge rechnen, da 50 – 60 % Gewichtsverlust durch das Entfernen der Hülsen entsteht.***

Brokkoli mit geröstetem Weißbrot

Brokkoli mit geröstetem Weißbrot

würzig

- *Für 4 Personen*
- *Zubereitung: 1 Std. 15 Min.*
- *ca. 435 kcal je Portion*

ZUTATEN

1 kg Brokkoli
6 Sardellenfilets
4 Scheiben Weißbrot
1 Zwiebel
50 g pikanter italienischer Hartkäse
50 g schwarze entsteinte Oliven
¹/₄ l Rotwein
4 EL kaltgepresstes Olivenöl
Salz
frisch gemahlener Pfeffer
3 EL Butter

1. Den Brokkoli putzen, waschen und in mundgerechte Stücke zerteilen.

2. Die Sardellenfilets grob hacken, die Oliven in feine Streifen schneiden, die geschälte Zwiebel und den Käse würfeln. Alles miteinander vermengen.

3. Etwa 1 EL Olivenöl in einen Topf geben. Brokkoli und Sardellenmasse abwechselnd hineinschichten. Jede Lage salzen, pfeffern und mit Olivenöl beträufeln. Abschließend das Ganze mit Rotwein begießen und zugedeckt bei schwacher Hitze 30 bis 40 Minuten garen.

4. Die Brotscheiben grob würfeln und in der zerlassenen Butter rösten.

5. Den Brokkoli auf Tellern anrichten und mit den Brotwürfeln bestreuen.

Orangenbrot mit Mandeln

fruchtig

- *Für 2 Personen*
- *Zubereitung: ca. 45 Min.*
- *ca. 494 kcal je Portion*

ZUTATEN

4 Scheiben Weißbrot
1 EL Butter
2 Eier
5 EL Zucker
Salz
2 unbehandelte Orangen
1 Vanilleschote
4 EL Mandelblättchen

1. Eier mit 3 Esslöffeln Zucker, einer Prise Salz, dem Saft und der abgeriebenen Schale von einer Orange und dem ausgekratzten Vanillemark verrühren. Den Backofen auf 200 Grad vorheizen.

2. Die zweite Orange ebenfalls auspressen. Den Saft mit dem restlichen Zucker in einem Topf bei kleiner Hitze 10 bis 15 Minuten leise köcheln.

3. Die Weißbrotscheiben in die Eimischung legen und einige Minuten darin durchziehen lassen.

4. Eine kleine feuerfeste Form ausbuttern. Die Brotscheiben hineinlegen und mit den Mandelblättchen bestreuen. Auf der mittleren Schiene in den Backofen stellen und in 10 bis 12 Minuten goldbraun backen. Mit dem Orangensirup servieren.

ORANGEN

Die Orange, bei uns häufig auch Apfelsine genannt, ist die Frucht des Orangenbaumes, der ursprünglich aus China stammt und dort schon vor mehr als 4000 Jahren kultiviert wurde. Durch die Araber gelangte die Orange im 15. Jahrhundert über Persien und Ägypten nach Nordafrika und Europa. Bekannt sind bei uns auch sizilianische Blutorangen. Ihr saftiges, sehr aromatisches Fruchtfleisch ist rot oder rot-orange mit leuchtend roten Adern.

Ciabatta mit Spinat und Mozzarella

leicht

- *Für 2 Personen*
- *Zubereitung: ca. 45 Min.*
- *ca. 415 kcal je Portion*

ZUTATEN

1 Ciabatta-Brot
500 g frischer Blattspinat
1 Knoblauchzehe
2 EL Olivenöl
frisch gemahlener Pfeffer
Salz
1 Packung Mozzarella

1. Den Blattspinat gründlich waschen und verlesen, grobe Stiele entfernen. Anschließend in kochendem Wasser blanchieren, eiskalt abschrecken und sehr gut abtropfen lassen.

2. Das Olivenöl erhitzen, die Knoblauchzehe schälen, fein hacken und im Olivenöl andünsten. Den Spinat hinzufügen, kurz mitdünsten und mit Salz und Pfeffer abschmecken. Anschließend in ein Sieb geben und gut abtropfen lassen.

3. Das Ciabatta-Brot in der Mitte durchschneiden. Beide Hälften längs halbieren. Die Viertel mit dem erkalteten Spinat belegen.

4. Den Mozzarella in dünne Scheiben schneiden, auf den Spinat verteilen und mit frisch gemahlenem Pfeffer würzen.

SPINAT

Blattspinat ist ein vitamin- und mineralstoffreiches Blattgemüse, das sowohl gekocht als auch roh verzehrt werden kann. Wie Sauerampfer schmeckt Spinat wegen der darin enthaltenen Oxalsäure etwas säuerlich. Entgegen der immer noch weit verbreiteten Meinung ist gekochter Spinat keine gute Eisenquelle, da die Oxalsäure die Aufnahme des Eisens im Darm stark behindert. Im Gegensatz dazu liefert roher Spinat – dank des Vitamin C, welches hier nicht durch Kochen zerstört wird – beachtliche Mengen an Eisen.

Mascarpone-Brötchen

Mascarpone-Brötchen

frisch

- *Für 4 Personen*
- *Zubereitung: ca. 45 Min.*
- *ca. 500 kcal je Portion*

ZUTATEN

1 großer Bund Petersilie
250 g Mascarpone
4 EL Milch
75 g gehackte Mandeln
schwarzer Pfeffer
Salz
1 rote Paprikaschote
2 Zucchini
4 Baguettebrötchen

1. Die Petersilie waschen, trockenschütteln und mitsamt den Stielen pürieren. Den Mascarpone und die Milch darunter mixen.

2. Die Mandeln in einer beschichteten Pfanne ohne Fett goldbraun rösten und zusammen mit etwas Salz und schwarzem Pfeffer unter die Mascarponecreme rühren.

3. Die Paprikaschote halbieren, Trennhäute, Stengelansätze und Kerne entfernen. Die Schotenhälften und die Zucchini waschen und der Länge nach in dünne Streifen schneiden.

4. Die Baguettebrötchen halbieren und die Mascarponecreme darauf streichen. Die Paprika- und Zucchinistreifen darauf legen. Die Brötchen wieder zusammensetzen.

MASCARPONE

Mascarpone ist ein bekannter italienischer Frischkäse. Zur Herstellung wird die Sahne der Kuhmilch erhitzt, mit Zitronensäure gesäuert und so zum Gerinnen gebracht. Wie alle Frischkäse benötigt er keine Reifezeit, muss kühl gelagert und rasch verzehrt werden.

Italienisches Sandwich

schnell zubereitet

- *Für 4 Personen*
- *Zubereitung: ca. 20 Min.*
- *ca. 330 kcal je Portion*

ZUTATEN

8 Scheiben Kastenweißbrot oder 4 dünne Scheiben italienisches Weißbrot
8 TL Butter
schwarzer Pfeffer
Salz
einige Blätter Radicchio-Salat
4 Scheiben italienische Mortadella
100 g milder Gorgonzola
einige Blättchen Basilikum

1. Die Brotscheiben dünn mit Butter bestreichen. Die italienischen Weißbrotscheiben werden halbiert, die Kastenweißbrotscheiben nicht.

2. Die Brote mit etwas Salz und Pfeffer bestreuen. Die Radicchioblätter waschen, trockenschütteln und darauf legen.

3. Vier Brotscheiben mit der Mortadella, dem Gorgonzola und den Basilikumblättchen belegen. Die übrigen Brotscheiben darauf geben.

4. Die Sandwiches fest in Klarsichtfolie einwickeln, damit sie nicht auseinander fallen. Eventuell in eine Dose legen.

TIPP

- ***Basilikum kann im Topf selbst gezogen oder auch so gekauft werden.***

GORGONZOLA

Gorgonzola ist ein weltbekannter, halbfester Blauschimmelkäse aus Italien, benannt nach der lombardischen Stadt Gorgonzola. Er wird meist aus Kuhmilch hergestellt und hat einen Fettgehalt von mindestens 48 % F. i. Tr.. Während der Reifung wird der Käse mehrfach gelocht und ist somit von typischen Schimmelkanälen durchzogen. Er ist von weicher, fast streichfähiger Konsistenz und schmeckt angenehm würzig.

Tramezzini mit Käse und Möhren

frisch

- *Für 4 Personen*
- *Zubereitung: ca. 30 Min.*
- *ca. 550 kcal je Portion*

ZUTATEN

200 g Karotten
35 g Walnusskerne
100 g Ricotta
2 EL Zitronensaft
etwas Zucker
einige Blätter Feldsalat
1 Packung (200 g) Camembert mit grünem Pfeffer
8 Scheiben Kastenweißbrot

1. Die Karotten schälen und grob raspeln. Die Nüsse hacken und mit den Karotten vermischen. Ricotta, Zitronensaft und etwas Zucker verrühren.

2. Den Salat verlesen, waschen und gut abtropfen lassen. Camembert in Scheiben schneiden. Brotscheiben toasten.

3. Vier Brotscheiben mit etwas Ricottacreme bestreichen. Feldsalat, Camembertscheiben und Karottensalat darauf verteilen. Restliche Ricottacreme darüber geben. Mit den übrigen Brotscheiben bedecken und die Tramezzini diagonal durchschneiden.

TIPP

- *Figurbewusste achten auf den Fettgehalt des Käses, d. h. auf die Angabe „% F. i. Tr." (Prozent Fett in der Trockenmasse). Da Käse durchschnittlich nur zur Hälfte aus Trockenmasse besteht, müssen Sie den Wert halbieren, um den tatsächlichen Fettanteil am Gesamtgewicht zu erhalten.*

RICOTTA

Ricotta ist ein italienischer Frischkäse, der vor allem bei der Herstellung von Hart- und Schnittkäse als Nebenprodukt entsteht. Er wird aus der Molke, also der vom Käsebruch abgeschiedenen Flüssigkeit, durch Erhitzen gewonnen. Die Molke kann von Schafs- oder Kuhmilch stammen. Ricotta hat einen sehr milden, süßlichen Geschmack und enthält je nach Milchsorte 20 bis 77% F. i. Tr. Er ist nur begrenzt haltbar und muss kühl gelagert werden.
Verwendet wird der Ricotta zum Beispiel als Füllung für Ravioli und Canneloni.

Tofusandwich

Tofusandwich

vegetarisch

- *Für 2 Personen*
- *Zubereitung: 30 Min.*
- *ca. 480 kcal je Portion*

ZUTATEN

1 Ei
2 Scheiben Tofu à 150 g
1 EL Mehl
Paniermehl
3 EL Olivenöl
100 g Zucchini
2 Ciabatta-Brötchen
Butter
2 große, gewaschene Salatblätter
Kräutersalz
einige Basilikumblätter

1. Das Ei verquirlen. Die Tofuscheiben im Mehl wenden, durch das Ei ziehen und im Paniermehl wenden. Im heißen Olivenöl auf jeder Seite etwa 1 Minute braten und warm stellen.

2. Die Zucchini putzen, waschen und in feine Streifen schneiden. In kochendem Wasser kurz blanchieren, kalt abschrecken und abtropfen lassen.

3. Die beiden Ciabatte längs durchschneiden. Mit Butter bestreichen und mit Salatblättern auslegen.

Je eine Tofuscheibe auf die Salatblätter legen und die Zucchinistreifen darüber verteilen. Das Ganze mit etwas Kräutersalz bestreuen und mit den gewaschenen, trockengeschüttelten Basilikumblättern garnieren.

TIPP

- ***Als Salatunterlage können Sie zum Beispiel Kopfsalat, Eisbergsalat oder Lollo rosso verwenden.***

Sandwichtoast mit Knoblauchpaste

würzig

- *Für 2 Personen*
- *Zubereitung: ca. 10 Min.*
- *ca. 320 kcal je Portion*
- *Dazu passt Tomatensalat mit Mozzarella*

ZUTATEN

3 Knoblauchzehen
1/2 TL Salz
1 EL Olivenöl
1 EL mittelscharfer Senf
1 kleine Zwiebel
1–2 EL eingelegte Kapern
einige Tropfen Zitronensaft
je 1/2 EL frisch gehackte Petersilie, Schnittlauch und getrockneter Oregano
Salz, frisch gemahlener Pfeffer
1 Prise Cayennepfeffer
1 Prise Zucker
4 Scheiben Toastbrot

1. Die Knoblauchzehen schälen, fein hacken und mit Salz zu einer Paste zerreiben. Mit dem Öl und dem Senf mischen. Die geschälte Zwiebel und die Kapern hacken und darunter mischen.

2. Mit Zitronensaft, Petersilie und Schnittlauch, Oregano, Salz, Pfeffer, Cayennepfeffer und Zucker kräftig abschmecken.

3. Die Toastbrotscheiben mit der Paste bestreichen, zusammenklappen und im Sandwich-Toaster 3 bis 4 Minuten toasten. Herausnehmen, diagonal halbieren, anrichten und servieren.

Sandwichtoast mit Sardellenpaste

raffiniert

- *Für 2 Personen*
- *Zubereitung: ca. 10 Min.*
- *ca. 390 kcal je Portion*
- *Dazu passt ein Rohkostteller mit Dips*

4–6 Sardellenfilets
1 Ecke Doppelrahm-Frischkäse
1–2 EL Parmesan
1–2 EL mittelscharfer Senf
je 1 EL gehackter Dill und Petersilie
einige Tropfen Zitronensaft
Salz, frisch gemahlener Pfeffer
1 Prise Cayennepfeffer
1 Prise Zucker
4 Scheiben Toastbrot
1–2 EL Butter

1. Die Sardellenfilets und die geschälte Zwiebel fein hacken und mit dem Frischkäse in einer Schüssel glattrühren.

2. Den Parmesan, den Senf, die Kräuter und den Zitronensaft darunter mischen. Mit Salz, Pfeffer, Cayennepfeffer und Zucker kräftig abschmecken.

3. Die Toastbrotscheiben mit Butter dünn bestreichen. Die Masse gleichmäßig auf die Toastbrotscheiben streichen, diese zusammenklappen und im Sandwich-Toaster 3 bis 4 Minuten toasten. Herausnehmen, diagonal halbieren, anrichten und servieren.

Panini mit Meerrettichcreme und Parmaschinken

scharf

- *Für 4 Personen*
- *Zubereitung: ca. 30 Min.*
- *ca. 340 kcal je Portion*

ZUTATEN

4 italienische Brötchen, z. B. Biovette
8 Scheiben luftgetrockneter Parmaschinken
2 EL frisch geriebener Meerrettich oder Meerrettich aus dem Glas
100 g Doppelrahmfrischkäse
100 g saure Sahne mit 24 % Fettgehalt
Salz
einige Salatblätter

1. Den Doppelrahmfrischkäse zusammen mit der sauren Sahne cremig verrühren. Die Meerrettichwurzel schälen und fein reiben oder 2 Esslöffel geriebenen Meerrettich aus dem Glas verwenden.

2. Die Salatblätter gründlich waschen, gut abtropfen lassen und portionieren.

3. Die Brötchen aufschneiden und die unteren Hälften mit der Meerrettichcreme großzügig bestreichen. Dann die Schinkenscheiben darauf verteilen und mit den Salatblättern bedecken. Die oberen Brötchenhälften aufsetzen und etwas andrücken.

TIPP

- *Anstatt der italienischen Brötchen können natürlich auch andere Weißmehlbrötchen verwendet werden.*

PARMASCHINKEN

Parmaschinken stammt aus der norditalienischen Region Emilia-Romagna. Das Ausgangsprodukt für den Schinken liefert eine nur hier gezüchtete Schweinerasse. Das Fleisch wird sorgsam 2 Monate lang regelmäßig gesalzen, gewaschen und gewendet.
Der Schinken reift nach dem Waschen und Trocknen in der Luft, draußen an der Sonne. Etwa ein Jahr braucht er bis zum optimalen Reifestadium.
Hauchdünn geschnitten entfaltet er seinen vollen, würzigen Geschmack.

Buntes Baguette

Buntes Baguette

knackig frisch

- *Für 4 Personen*
- *Zubereitung: ca. 20 Min.*
- *ca. 480 kcal je Portion*

ZUTATEN

1 kleiner Kopf Eisbergsalat
2 rote Paprikaschoten
2 Dosen Thunfisch in Wasser
1 Baguette (ca. 300 g)
6 EL Mayonnaise

1. Den Salat zerpflücken, putzen, waschen und abtropfen lassen. Die Paprikaschoten putzen, waschen und in Streifen schneiden. Den Thunfisch abtropfen lassen.

2. Das Brot in 4 Stücke teilen und diese der Länge nach aufschneiden. Die unteren Brothälften mit Salatblättern belegen und die Mayonnaise darauf streichen. Anschließend mit Paprikastreifen und Thunfisch belegen und mit den oberen Brothälften bedecken.

TIPP

Anstatt Thunfisch kann man auch andere Fischsorten als Belag verwenden. Geräucherte Fischfilets von Makrelen, Forelle oder auch Stücke vom schwarzen Heilbutt bieten sich an. Räucherlachsscheiben sind ebenfalls gut geeignet.

Schlemmerbaguette

köstlich

- *Für 4 Personen*
- *Zubereitung: ca. 45 Min.*
- *ca. 515 kcal*

ZUTATEN

300 g Schweinefilet
1 Fenchelknolle
200 g Möhren
2 EL Öl, 1 Prise Salz
¼ TL Pfeffer, 2 EL Sojasauce
1 EL Tomatenketchup
2 EL trockener Sherry
1 EL Speisestärke
½ TL gemahlener Ingwer
4 Baguettebrötchen
150 g Ziegenweichkäse mit Blauschimmel oder Gorgonzola
frische Kräuter zum Garnieren

1. Das Schweinefilet waschen, trockentupfen und in feine Streifen schneiden.

2. Den Fenchel putzen und waschen. Die Möhren schälen, waschen, beides trockenreiben und in feine Streifen schneiden. Den Backofen auf 250 Grad vorheizen.

3. In einer Pfanne das Öl erhitzen und die Filetstreifen darin rundherum ca. 5 Minuten braten, salzen, pfeffern und herausnehmen.

4. Das Gemüse in dem verbliebenen Öl unter Rühren ca. 5 Minuten braten. Das Schweinefleisch wieder zum Gemüse geben.

5. Die Sojasauce mit Ketchup, Sherry, Speisestärke und Ingwerpulver verrühren, zur Fleisch-Gemüse-Mischung geben und das Ganze unter Rühren ca. 3 Minuten leicht köcheln lassen.

6. Die Baguettebrötchen halbieren, etwas aushöhlen und die Mischung hineinfüllen.

7. Den Käse in feine Streifen schneiden und auf die gefüllten Baguettebrötchen streuen. Alles im Ofen ca. 15 Minuten überbacken. Herausnehmen, anrichten und mit Kräutern garnieren.

ZIEGENKÄSE

Ziegenkäse ist im Mittelmeerraum sehr beliebt. Ziegen sind anspruchslos und leben auch in kargen Regionen. Käse aus Ziegenmilch ist eigenwillig bis streng im Geschmack. Manche Ziegenkäse werden frisch als Ziegenmilch-Quark angeboten, andere reifen zwischen einer Woche und mehreren Monaten. Je nach Sorte werden ihnen Gewürze, Kräuter oder Olivenöl zugesetzt. In Frankreich wird Ziegenkäse häufig in Kastanien- oder Weinblätter verpackt.

Festtagssandwich

Festtagssandwich

üppig

- *Für 2 Personen*
- *Zubereitung: ca. 30 Min.*
- *ca. 820 kcal je Portion*

ZUTATEN

2 Kalbsbratwürste
1–2 TL Sonnenblumenöl
1 große Tomate
1 Lauchzwiebel
2 Baguettebrötchen
1 EL mittelscharfer Senf
100 g geriebener Emmentaler
80 g gekochter Schinken (hauchdünn geschnitten)
1 Tomate und frische Kräuter zum Garnieren

1. Die Kalbsbratwürste im heißen Öl rundherum knusprig braten. Anschließend die Würste der Länge nach halbieren.

2. Für die Füllung die Tomate am runden Ende kreuzweise einschneiden, überbrühen, kalt abschrecken, schälen, vom Stielansatz befreien, vierteln und entkernen. Das Fruchtfleisch fein würfeln. Die Lauchzwiebel putzen, waschen und in Ringe schneiden. Im heißen Bratfett kurz andünsten. Die Tomatenwürfel hinzufügen und darin schwenken.

3. Die Baguettebrötchen halbieren und mit Senf bestreichen. Die vorbereiteten Wursthälften, den Käse und den Schinken darauf verteilen und die Baguettebrötchen zusammensetzen.

4. Die Brötchen im vorgeheizten Backofen bei 220 Grad ca. 5 Minuten überbacken.
Die Baguettes diagonal durchschneiden, mit Tomate und frischen Kräutern garnieren und servieren.

Tramezzini mit Olivenfüllung

herzhaft

- *Für 2 Personen*
- *Zubereitung: ca. 15 Min.*
- *ca. 510 kcal je Portion*

ZUTATEN

30 g italienische Salami am Stück, 1 Zwiebel
1 kleines Glas gefüllte Oliven
1 Knoblauchzehe
2 EL Kapern
1 EL gehackter Oregano
1 EL gehacktes Basilikum
Balsamessig
1–2 EL geriebener Parmesan
Salz
frisch gemahlener Pfeffer
1 Prise Cayennepfeffer
4 Scheiben Toastbrot
1–2 EL Butter

1. Die Salami schälen und fein würfeln. Die Zwiebel schälen und fein hacken. Die Oliven gut abtropfen lassen und ebenfalls hacken.

2. Die Knoblauchzehe schälen, hacken und mit Salz zu einer Paste zerreiben. Mit den Kapern, der Salami, den Zwiebeln und den Oliven gut vermischen.

3. Mit Oregano, Basilikum und Balsamessig abschmecken. Den Parmesan untermischen. Das Ganze mit Salz, Pfeffer und Cayennepfeffer kräftig würzen.

4. Die Toastbrotscheiben mit Butter bestreichen. Mit der Masse gleichmäßig bedecken, zusammenklappen und im Sandwichtoaster 3 bis 4 Minuten toasten. Herausnehmen, diagonal halbieren, anrichten und servieren.

Knoblauchtramezzini

typisch italienisch

- *Für 2 Personen*
- *Zubereitung: ca. 15 Min.*
- *ca. 350 kcal je Portion*

ZUTATEN

30 g getrocknete, in Öl eingelegte Tomaten
30 g in Öl eingelegte Auberginen
1 milde Peperoni
2 Knoblauchzehen
½ kleine Zwiebel, Salz
frisch gemahlener Pfeffer
1 Prise Cayennepfeffer
½ EL gehacktes Basilikum
4 Scheiben Toastbrot
1–2 EL Butter

1. Die Tomaten und Auberginen gut abtropfen lassen. Die Peperoni halbieren, die Kerne herauslösen. Den Knoblauch und die Zwiebel schälen und grob zerkleinern.

2. Das Gemüse fein hacken oder im Mixer pürieren.

3. Die Masse mit Salz, Pfeffer, Cayennepfeffer, Oregano und Basilikum abschmecken.

4. Die Toastbrotscheiben mit Butter bestreichen und die Masse gleichmäßig darauf verteilen. Die Toastbrotscheiben zusammenklappen und im Sandwichtoaster 3 bis 4 Minuten toasten. Herausnehmen, diagonal halbieren, anrichten und servieren.

Sandwichtoast mit Ei-Gemüse

Sandwichtoast mit Ei-Gemüse

fein

- *Für 2 Personen*
- *Zubereitung: ca. 20 Min.*
- *ca. 540 kcal je Portion*
- *Dazu passt ein leichter Rotwein*

ZUTATEN

1 kleine Zwiebel
1 Stück Lauch
30 g durchwachsener geräucherter Speck
1–2 EL Butter
Salz
frisch gemahlener Pfeffer
1 Prise Cayennepfeffer
1 Prise Kümmel
1 Ei
30 g geriebener Emmentaler
2 EL Schnittlauchröllchen
4 Scheiben Toastbrot
1–2 EL Butter

1. Die geschälte Zwiebel und den geputzten Lauch in feine Streifen oder Würfel schneiden und den Speck fein würfeln.

2. Die Butter in einer Pfanne erhitzen und den Speck darin auslassen. Das Gemüse dazugeben und darin glasig werden lassen. Mit Salz, Pfeffer, Cayennepfeffer und Kümmel kräftig würzen. Vom Feuer nehmen, das Ei und den Käse kräftig darunter schlagen und den Schnittlauch darunter mischen. Nochmals abschmecken.

3. Die Toastbrotscheiben mit Butter dünn bestreichen und die Masse gleichmäßig darauf verteilen. Die Toastbrotscheiben zusammenklappen und im Sandwichtoaster 8 bis 10 Minuten toasten. Herausnehmen, diagonal halbieren, anrichten und servieren.

Sandwichtoast mit Schnittlauch-Ei

Sandwichtoast mit Schnittlauch-Ei

würzig

- *Für 2 Personen*
- *ca. 360 kcal je Portion*
- *Dazu passt Endiviensalat mit Zwiebeldressing*

ZUTATEN

4 Scheiben Toastbrot
1–2 EL Butter
1 Ei
30 g geriebener Emmentaler
30 g gekochter Schinken
1 Bund Schnittlauch
Salz
frisch gemahlener Pfeffer
1 Prise Cayennepfeffer
1 Prise Muskat

1. Die Toastbrotscheiben dünn mit Butter bestreichen.

2. Das Ei mit dem Emmentaler mischen. Anschließend den Schinken fein würfeln und dazugeben.

3. Den Schnittlauch abbrausen, trockenschütteln, fein schneiden, dazugeben und alles miteinander mischen.

4. Mit Salz, Pfeffer, Cayennepfeffer und Muskat kräftig abschmecken. Die Masse gleichmäßig auf die Toastbrotscheiben verteilen.

5. Die Toastscheiben zusammenklappen und im Sandwichtoaster 5 bis 6 Minuten toasten. Herausnehmen, diagonal halbieren, anrichten und servieren.

Tramezzini mit Parmaschinken

Tramezzini mit Parmaschinken

edel

- *Für 2 Personen*
- *Zubereitung: ca. 15 Min.*
- *ca. 510 kcal je Portion*
- *Dazu passt ein Glas kräftiger Rotwein*

ZUTATEN

50 g Parmaschinken
1 Zwiebel
1 Stück Lauch
1 Schuß Sahne
1–2 EL geriebener Parmesan
1 EL Schnittlauchröllchen
1 EL gehackte Petersilie
Salz
frisch gemahlener Pfeffer
1 Prise Cayennepfeffer
4 Scheiben Toastbrot
1–2 EL Butter

1. Den Parmaschinken, die geschälte Zwiebel und den geputzten Lauch würfeln.

2. Schinken und Gemüse mit der Sahne im Mixer oder mit dem Pürierstab pürieren. Den Parmesankäse und die Kräuter darunter mischen.

3. Die Masse mit Salz, Pfeffer und Cayennepfeffer kräftig abschmecken.

4. Die Toastbrotscheiben mit Butter bestreichen. Die Masse gleichmäßig darauf verteilen. Die Toastbrote zusammenklappen und im Sandwichtoaster 5 bis 6 Minuten toasten. Herausnehmen, diagonal halbieren, anrichten und servieren.

Feine Champignontramezzini

Feine Champignontramezzini

delikat

- *Für 2 Personen*
- *Zubereitung: ca. 15 Min.*
- *ca. 320 kcal je Portion*
- *Dazu passt grüner Salat mit Zitronendressing*

ZUTATEN

30 g frische Champignons
einige Tropfen Zitronensaft
30 g gekochter Schinken
1 Schalotte
1 Ecke Schmelzkäse
1 EL gehackte Petersilie
Salz
frisch gemahlener Pfeffer
1 Prise Muskat
1 Prise Cayennepfeffer
4 Scheiben Toastbrot
1–2 EL Butter

1. Die Champignons putzen, mit Zitronensaft beträufeln und mit dem Schinken und der geschälten Schalotte fein hacken.

2. Den Schmelzkäse und die Petersilie zu der Schinkenmasse geben und alles gut miteinander verrühren. Das Ganze mit Salz, Pfeffer, Muskat und Cayennepfeffer kräftig abschmecken.

3. Die Toastbrotscheiben mit Butter bestreichen und die Schinkenmasse gleichmäßig darauf verteilen. Die Toastbrotscheiben zusammenklappen und im Sandwichtoaster 3 bis 4 Minuten toasten. Herausnehmen, diagonal halbieren, anrichten und servieren.

Salamisandwich

herzhaft

- *Für 4 Personen*
- *Zubereitung: ca. 30 Min.*
- *ca. 340 kcal je Portion*

ZUTATEN

je ½ gelbe und grüne Paprikaschote
8 Scheiben Kastenweißbrot
4 EL Remoulade
75 g Salami in dünnen Scheiben
einige Salatblätter zum Anrichten

1. Die Paprikaschoten putzen, waschen und in dünne Streifen schneiden.

2. Die Brotscheiben mit Remoulade bestreichen und mit einigen Salamischeiben und Paprikastreifen belegen. Mit einem zweiten Toast bedecken. Etwas zusammendrücken und jeweils zwei Sandwiches in einem Sandwichtoaster 5 bis 8 Minuten goldgelb toasten.

3. Die Sandwiches diagonal halbieren und mit einigen Salatblättern auf einem Teller anrichten.

TIPP

- *Verwenden Sie luftgetrocknete italienische Salami. Je dünner sie geschnitten ist, um so besser kommen ihr Geschmack und ihr Aroma zur Geltung.*

SALAMI

Salami ist eine typisch italienische, luftgetrocknete Rohwurstsorte. In Deutschland werden Rohwürste vor allem geräuchert und weniger getrocknet. Sie sind deshalb weicher als die eher harten italienischen Sorten. Rohwürste werden durch die Trocknung lange haltbar, was gerade bei südlichem Klima und fehlenden Kühlungsmöglichkeiten früher von großem Wert war.

Panini mit Ricotta-Kräuter-Creme

aromatisch

- *Für 2 Personen*
- *Zubereitung: ca. 15 Min.*
- *ca. 390 kcal je Portion*

ZUTATEN

2 italienische Brötchen z.B. Mailänder Brötchen
200 g Ricotta
50 ml Frischmilch
Salz
frisch gemahlener Pfeffer
1 Bund frische Kräuter (Basilikum, Oregano, Rosmarinnadeln, Thymian, Blattpetersilie)
1 rote Zwiebel

1. Den Ricotta mit der Frischmilch cremig verrühren, mit Salz und Pfeffer abschmecken.

2. Die frischen Kräuter waschen, trockenschütteln und mit einem Wiegemesser fein schneiden. Anschließend unter die Ricottacreme rühren. Die rote Zwiebel schälen und in feine Ringe schneiden.

3. Die Brötchen aufschneiden und die unteren Hälften großzügig mit der Ricottacreme bestreichen. Die Zwiebelscheiben darauf verteilen, sodass diese teilweise die Brötchenhälften überlappen. Die oberen Brötchenhälften aufsetzen und etwas andrücken.

Panini mit Putenstreifen und Orangen

außergewöhnlich

- *Für 2 Personen*
- *Zubereitung: ca. 20 Min.*
- *ca. 380 kcal je Portion*

ZUTATEN

2 italienische Milchbrötchen
200 g frische Putenbrust
1 Blutorange
einige Radicchioblätter
3 EL Olivenöl
Salz und Pfeffer

1. Das Putenfleisch in feine Streifen schneiden. Die Orange gründlich schälen und in dünne Scheiben schneiden. Die Radicchioblätter waschen und abtropfen lassen.

2. Das Olivenöl in einer Pfanne erhitzen. Die Fleischstreifen darin rasch goldbraun anbraten, salzen, pfeffern und aus der Pfanne nehmen.

3. Die Brötchen aufschneiden und die unteren Hälften mit Radicchioblättern belegen, leicht salzen, dann die Blutorangenscheiben darauf verteilen und auf beide Brötchen die Putenfleischstreifen legen. Die oberen Hälften aufsetzen und etwas andrücken.

Sandwich mit Olivenpesto und Schafskäse

Sandwich mit Olivenpesto und Schafskäse

schnell

- *Für 4 Personen*
- *Zubereitung: ca. 20 Min.*
- *ca. 440 kcal je Portion*

ZUTATEN

50 g schwarze Oliven
35 g grüne, mit Paprikapaste gefüllte Oliven
1 Knoblauchzehe
2 EL kaltgepresstes Olivenöl
schwarzer Pfeffer
300 g Schafskäse
2 kleine rote Zwiebeln
einige Blätter Eichblattsalat
8 Scheiben Kastenweißbrot

1. Für das Pesto die schwarzen Oliven entsteinen. Beide Olivensorten fein hacken und in eine kleine Schüssel geben.

2. Die Knoblauchzehe schälen, durch eine Knoblauchpresse drücken, zu den Oliven geben und alles miteinander vermengen. Das Olivenöl unter die Oliven-Knoblauch-Mischung rühren und das Ganze mit Pfeffer würzen.

3. Den Käse in feine Scheiben schneiden. Die Zwiebeln schälen und in dünne Ringe schneiden. Die Salatblätter waschen und mit Küchenkrepp trockentupfen.

4. Die Weißbrotscheiben rösten und halbieren. Je eine Hälfte mit einigen Salatblättern belegen. Die Käsescheiben und die Zwiebelringe auf die Salatblätter geben und das Ganze mit dem Olivenpesto bestreichen. Zum Schluss jeden Toast mit der zweiten Toasthälfte bedecken.

Tramezzini mit Mozzarella und Salami

üppig

- *Für 4 Personen*
- *Zubereitung: ca. 45 Min.*
- *ca. 550 kcal je Portion*

ZUTATEN

8 Scheiben Toastbrot
3 Tomaten
8 Scheiben Salami
abgeriebene Muskatnuss
einige Salatblätter
200 g Mozzarella
1 Bund Basilikum
2–3 EL Öl
100 ml Milch
2 Eier
Salz
Pfeffer
Zitronenscheiben zum Garnieren

1. Die Tomaten waschen und die Stielansätze entfernen. Mozzarella und Tomaten in dünne Scheiben schneiden. Basilikum waschen und die Blättchen von den Stielen zupfen, einige zum Garnieren beiseite legen.

2. Milch und Eier verquirlen und mit Salz, Pfeffer und Muskat würzen. Toastbrotscheiben in der Eiermilch wenden. 4 Toastbrotscheiben mit Basilikum, Tomatenscheiben, Mozzarella und Salami belegen, dabei einen kleinen Rand freilassen. Restliche Toastscheiben darauf legen. Rand fest andrücken.

3. Das Öl in einer großen beschichteten Pfanne erhitzen und die Brote darin braten. Salat putzen und waschen. Salatblätter auf die Teller legen. Gefüllte Brote diagonal halbieren und darauf anrichten. Mit Basilikum und Zitrone garniert servieren.

BASILIKUM

Basilikum, das italienischste Gewürzkraut überhaupt, stammt ursprünglich aus Indien, wird aber bereits seit Jahrhunderten in Europa kultiviert. Es schmeckt sehr aromatisch und leicht pfeffrig. Etwa 60 Sorten dieser einjährigen Pflanze sind bekannt. Kurz vor der Blüte ist das Aroma am intensivsten. Basilikum sollte man nur kurz und vorsichtig waschen, da das Aroma sich sonst rasch verflüchtigt.

Marinierte Trauben zu Crostinispießen

raffiniert

- *Für 4 Personen*
- *Zubereitung: ca. 30 Min.*
- *ca. 320 kcal je Portion*

ZUTATEN

1 Baguettebrötchen
40 g Kräuterbutter
2 mittelgroße Tomaten
75 g Schafskäse
je 200 g helle und blaue Weintrauben
2 EL Zucker
200 ml Apfelsaft
Weinblätter, Walnusshälften und Majoranblättchen zum Garnieren

1. Die Baguettebrötchen in 8 Scheiben schneiden. Diese mit Kräuterbutter bestreichen und je 2 auf Spieße stecken.

2. Tomaten waschen und vierteln, entkernen und das Fruchtfleisch in kleine Würfel schneiden. Den Schafskäse in Scheiben schneiden. Beides abwechselnd auf die Baguettescheiben legen. Kurz vor dem Servieren 2 Minuten unter dem Grill des Backofens überbacken.

3. Die Weintrauben waschen, eventuell halbieren und entkernen. Zucker in einer Pfanne goldbraun schmelzen. Mit Apfelsaft ablöschen und loskochen. Weintrauben darin schwenken.

4. Die Weintrauben zusammen mit den Spießen anrichten und mit Weinblättern, Walnüssen und Majoranblättchen garniert servieren.

WALNÜSSE

Weintrauben und Walnüsse sind eine wunderbare herbstliche Kombination. Bereits geschälte Walnusskerne sollte man gut verpackt im Kühlschrank aufbewahren, da sie leicht verderblich sind. Durch ihr empfindliches Öl werden Sie unter dem Einfluss von Licht, Luft, Wärme und Feuchtigkeit rasch ranzig und verlieren ihr Aroma.

Rindfleischtoast mit Basilikum

mild

- *Für 4 Personen*
- *Zubereitung: ca. 30 Min. (plus ca. 1 Std. Marinierzeit)*
- *ca. 650 kcal je Portion*

ZUTATEN

4 Rumpsteaks (à ca. 150 g)
1–2 EL Zitronensaft
7 EL Öl
Salz
schwarzer Pfeffer
2 Fleischtomaten
250 g Mozzarella
2 Bund Basilikum
8 Scheiben Toastbrot

1. Die Steaks waschen und trockentupfen. Die Fetthaut mit den Sehnen mehrmals einschneiden. Die Steaks mit etwas Zitronensaft und etwa 4 Esslöffeln Öl auf beiden Seiten bestreichen. Die Steaks aufeinander in einen tiefen Teller legen und im Kühlschrank etwa 60 Minuten ziehen lassen.

2. Etwa 3 Esslöffel Öl in einer Pfanne erhitzen und die marinierten Steaks darin von beiden Seiten scharf anbraten. Sie dann mit Salz und Pfeffer würzen und bei mittlerer Hitze etwa 6 Minuten weiterbraten. Den Backofen auf 200 Grad mit Grillstufe vorheizen.

3. Inzwischen die Tomaten waschen und trockentupfen. Sie von den Stielansätzen befreien und in dünne Scheiben schneiden.

4. Den Mozzarella abtropfen lassen und in Scheiben schneiden. Das Basilikum verlesen, waschen und trockentupfen. Die Blätter von den Stielen zupfen. Die Hälfte der Basilikumblätter in feine Streifen schneiden, die anderen beiseite stellen.

5. Die Toastscheiben im Toaster rösten. Je 2 Scheiben Toast auf 4 Teller verteilen Die Steaks jeweils auf beide Toastscheiben legen. Sie zuerst mit Tomatenscheiben, dann mit Mozzarellascheiben belegen und zuletzt die klein geschnittenen Basilikumblätter darüber streuen.

6. Das Ganze mit Pfeffer bestreuen und unter dem heißen Grill etwa 3 Minuten überbacken. Die Mozzarella-Rumpsteaks vor dem Servieren mit den restlichen Basilikumblättern garnieren.

Sandwich mit grünem Spargel

herrlich

- *Für 4 Personen*
- *Zubereitung: ca. 1 Std*
- *ca. 260 kcal je Portion*

ZUTATEN

8 Scheiben Ciabattabrot
500 g frischer grüner Spargel
4 EL Mayonnaise
Saft einer halben Zitrone
2 EL Cognac
4 Scheiben gekochter Schinken

1. Den Spargel waschen und im unteren Bereich eventuell schälen. Die Stangen in der Mitte durchschneiden und in kochendem Salzwasser etwa 20 Minuten garen. Anschließend gut abtropfen und erkalten lassen.

2. Die Mayonnaise mit Zitronensaft und Cognac verfeinern. Das Brot im Backofen kurz rösten.

3. Die etwas abgekühlten Brotscheiben mit der Mayonnaise bestreichen, je 4 Brotscheiben mit je einer Schinkenscheibe belegen und den Spargel darauf verteilen.
Mit einer weiteren Brotscheibe bedecken und leicht andrücken.

TIPP

- *Nur ungeschälter Spargel ist lagerbar. In ein feuchtes Tuch eingewickelt hält er sich etwa 3 Tage.*

GRÜNER SPARGEL

Grüner Spargel ist neben dem weißen Spargel eine eigenständige Sorte. Er ist kräftiger im Geschmack und muss nur im unteren Stangenbereich geschält werden. Er wird oberirdisch geerntet, sobald die Stangen eine Länge von etwa 20 cm erreicht haben. Die Saison für deutschen Spargel liegt zwischen Mitte April und dem 24. Juni.

Sandwich mit Thunfischcreme und Sellerie

Sandwich mit Thunfischcreme und Sellerie

einfach und schnell

- *Für 4 Personen*
- *Zubereitung: ca. 20 Min.*
- *ca. 440 kcal je Portion*

ZUTATEN

8 Scheiben Kastenweißbrot
1 Dose Thunfisch in Wasser
150 g Salatmayonnaise
2 EL Zitronensaft
einige Tropfen Worcestersauce
1 EL Kapern
Salz
Pfeffer
2 Stangen Staudensellerie
2 Tomaten

1. Den Thunfisch gut abtropfen lassen. Mayonnaise, Zitronensaft und Worcestersauce verrühren. Kapern unterheben. Mit Salz und Pfeffer abschmecken.

2. Sellerie und Tomaten putzen, waschen und trockentupfen. Den Sellerie in kleine Stücke, die vom runden Ende befreiten Tomaten in Scheiben und in einige kleine Würfel schneiden.

3. Brotscheiben mit Tomatenscheiben belegen. Thunfischcreme darauf verteilen. Mit Selleriestückchen und Tomatenwürfeln bestreuen.

TIPP

Diese fein belegten Sandwiches eignen sich, dekorativ angerichtet, sehr gut als Vorspeise oder als Bestandteil eines Salattellers.

Italienischer Brotkorb mit Schinken-Knoblauch-Butter

originell

- *Für 4 Personen*
- *Zubereitung: ca. 15 Min.*
- *ca. 710 kcal je Portion*

ZUTATEN

½ Ciabattabrot
½ Toskanabrot
1 kleines Maisbrot
2 Mailänder Brötchen
2 Kartoffelbrötchen
2 Rosmarinbrötchen
250 g Butter
150 g roher Schinken
2 frische Knoblauchzehen
1 Schuss Whisky
100 g Doppelrahmfrischkäse
frisch gemahlener Pfeffer

1. Alle Zutaten für die Schinken-Knoblauch-Butter sollten Zimmertemperatur haben.

2. Die Butter schaumig rühren, den Frischkäse löffelweise hinzufügen und verrühren. Die Buttermasse in den Mixaufsatz der Küchenmaschine füllen. Den rohen Schinken in Streifen schneiden. Die Knoblauchzehen schälen. Beides zur Buttermasse geben und pürieren.

3. Die Creme mit frischgemahlenem Pfeffer und einem Schuss Whisky geschmacklich abrunden und anschließend kühl stellen.

4. Die verschiedenen italienischen Brotsorten in einem Korb anordnen und zusammen mit der Schinken-Knoblauch-Butter servieren.

TIPPS

- *Einige der genannten italienischen Brot- und Brötchensorten erhält man heute sogar schon in den Supermärkten. Wenn Sie nicht fündig werden, fragen Sie am besten in einem italienischen Feinkostgeschäft nach.*
- *Ein fruchtiger Chianti passt perfekt zu diesem einfachen Gericht.*

Tramezzini mit Provolone

würzig

- *Für 2 Personen*
- *Zubereitung: ca. 20 Min.*
- *ca. 490 kcal je Portion*
- *Dazu passt Tomatensalat mit Knoblauchdressing*

ZUTATEN

200 g Provolone
1 Schuss Sahne
2 Frühlingszwiebeln
1 EL Tomatenmark
1 EL grüne Pfefferkörner
½ TL Paprikapulver edelsüß
einige Tropfen Grappa
1 EL gehacktes Basilikum
Salz
frisch gemahlener Pfeffer
1 Prise Cayennepfeffer
4 Scheiben Toastbrot

1. Den Provolone in eine Schüssel reiben und mit der Sahne vermengen.

2. Die Frühlingszwiebeln putzen, waschen und fein hacken. Mit Tomatenmark, Pfefferkörnern, Paprikapulver, Grappa und Basilikum unter den Provolone rühren.

3. Die Masse mit Salz, Pfeffer und Cayennepfeffer abschmecken.

4. Die Provolone-Masse gleichmässig auf die Toastscheiben verteilen. Die Brote zusammenklappen und im Sandwichtoaster 3 bis 4 Minuten toasten. Herausnehmen, diagonal halbieren, anrichten und servieren.

PROVOLONE

Dieser bekannte italienische Hartkäse wird vorwiegend aus roher Kuhmilch hergestellt. Der runde, zylindrische, oft auch keulenförmige Käseleib wiegt zwischen 0,5 und 6 kg. Zum Reifen werden die Käsestücke mehrere Monate wie Schinken aufgehängt.
Provolone hat mindestens 44 % F. i. Tr. Unter der gelben Paraffinschicht ist er cremefarben bis hellgelb, etwas krümelig und fast ohne Löcher.
Je nach Reifegrad schmeckt der Käse süßlich („dolce") bis würzig („picante").

Weißbrot-Röllchen mit Forellencreme und Kresse

Weißbrot-Röllchen mit Forellencreme und Kresse

besonders edel

- *Für 4 Personen*
- *Zubereitung: ca. 45 Min.*
- *ca. 290 kcal je Portion*

ZUTATEN

8 Scheiben Toastbrot
40 g Butter
1 Bund Brunnenkresse (oder 1 Kästchen Kresse)
2 geräucherte Forellenfilets (ca. 120 g)
2 EL Crème fraîche
1 EL Zitronensaft
1 TL Senf
Salz, Pfeffer

1. Vom Toastbrot die Rinde abschneiden. Brotscheiben mit dem Nudelholz flach rollen.

2. Weiche Butter in eine Schüssel geben. Die Brunnenkresseblättchen von den Stielen zupfen und fein hacken. Die Hälfte davon unter die Butter mischen. Die Toastbrotscheiben mit der Kressebutter bestreichen.

3. Forellenfilets grob hacken. In einer Schüssel mit Crème fraîche, Zitronensaft, Senf, Salz und Pfeffer mit dem elektrischen Schneidestab pürieren.

4. Creme auf die Toastbrote verteilen. Die Scheiben aufrollen, jeweils in der Mitte schräg durchschneiden. Je 4 Röllchen auf einen Teller legen und mit der restlichen Kresse bestreuen.

Krabbensandwich mit Salat

lecker

- *Für 4 Personen*
- *Zubereitung: ca. 30 Min.*
- *ca. 200 kcal je Portion*

ZUTATEN

250 g tiefgefrorene Krabben
4 Scheiben Kastenweißbrot
2 EL Mayonnaise
2 EL Vollmilchjoghurt
Saft einer halben Zitrone
Zitronenthymian
Salz
frisch gemahlener Pfeffer
½ Kopf Lollo rosso
½ Kopf Eichblattsalat
1 Bund Dill

1. Die gefrorenen Krabben kurz in kochendem Wasser blanchieren, kalt abschrecken und abtropfen lassen.

2. Die Mayonnaise mit Joghurt, Zitronensaft, Salz und Pfeffer vermischen und pikant abschmecken.

3. Den Salat putzen, waschen und trockenschütteln. Das Kastenweißbrot toasten. Den Zitronenthymian waschen, trockenschütteln und die Blättchen von den Stielen zupfen.

4. Die Brotscheiben großzügig mit Salatblättern belegen. Diese mit Salz, Pfeffer und Zitronenthymian bestreuen. Die Krabben auf den Salat verteilen und mit der Joghurt-Mayonnaise übergießen. Mit Dill und Kräutern garnieren und kühl servieren.

ZITRONENTHYMIAN

Der aus dem Mittelmeerraum stammende Thymian ist ein mehrjähriger Strauch. Er hat einen sehr intensiven Duft und gibt den Speisen ein einzigartiges Aroma. Zitronenthymian ist eine besonders interessante Art, da er den Speisen einen Hauch Zitronengeschmack verleiht. Beim Kochen verliert er jedoch sein Aroma.

Fencheltoast

aromatisch

- *Für 4 Personen*
- *Zubereitung: ca. 20 Min.*
- *ca. 390 kcal je Portion*
- *Dazu passt grüner Salat*

ZUTATEN

2 kleine Fenchelknollen
2 Zwiebeln
2 EL kaltgepresstes Olivenöl
2 EL Pinienkerne
2 EL ungeschwefelte Rosinen
Salz
schwarzer Pfeffer
Tabascosauce
4 Scheiben Kastenweißbrot
2 EL Butter
150 g Mozzarella

1. Den Backofen auf 220 Grad vorheizen. Die Fenchelknollen waschen. Welke und unansehnliche Stellen entfernen und das Strunkende knapp abschneiden. Das zarte Fenchelgrün fein wiegen und die Knollen der Länge nach in Streifen schneiden. Die Zwiebeln schälen und würfeln.

2. Das Öl erhitzen und die Zwiebelwürfel darin anbraten. Die Fenchelstreifen dazugeben und das Ganze bei mittlerer Temperatur etwa 10 Minuten zugedeckt schmoren lassen. Pinienkerne und Rosinen dazugeben und alles mit Salz, Pfeffer und einigen Spritzern Tabascosauce kräftig würzen.

3. Die Weißbrotscheiben rösten und jeweils dünn mit Butter bestreichen. Den Mozzarella abtropfen lassen und in Scheiben schneiden. Die Fenchelmischung auf den Toasts verteilen und die Mozzarellascheiben darauf legen.

4. Die Toasts auf der zweiten Einschubleiste von oben etwa 10 Minuten im Backofen überbacken. Sie vor dem Servieren mit dem Fenchelgrün garnieren.

TOBASCOSAUCE

Tabasco ist eine sehr scharfe Würzsauce aus Chilis, Salz und Essig, die nach der gleichnamigen mexikanischen Region benannt ist. Tabascosauce wird in kleinsten Mengen zum Würzen von Fleisch, Meeresfrüchten und Fischgerichten sowie für Eierspeisen und Cocktails verwendet.

Panini mit Käsecreme und Granatapfel

Panini mit Käsecreme und Granatapfel

außergewöhnlich

- *Für 2 Personen*
- *Zubereitung: ca. 15 Min.*
- *ca. 520 kcal je Portion*

ZUTATEN

2 italienische Brötchen
z. B. Mailänder Brötchen
40 g Butter
100 g milder Ziegenkäse
4 Scheiben luftgetrocknete Salami
4 Walnusshälften
1 reifer Granatapfel
einige Basilikumblätter

1. Den Ziegenkäse mit einer Gabel zerdrücken und mit der Butter zu einer cremigen Masse verrühren.

2. Den Granatapfel aufbrechen und die saftigen Kerne vorsichtig herausnehmen. Die Walnusshälften grob hacken. Die Basilikumblätter waschen.

3. Die Brötchen halbieren und beide Hälften großzügig mit der Käsecreme bestreichen. Die unteren Hälften mit je zwei Salamischeiben, Walnussstückchen, Granatapfelkernen und Basilikumblättern belegen. Die Panini mit den oberen Hälften bedecken und leicht andrücken.

GRANATAPFEL

Der aus Persien stammende Granatapfel zählt zu den ältesten Früchten überhaupt. Er wird im Herbst geerntet und vor allem zu Saft verarbeitet. Der Saft ist auch Ausgangsprodukt von Grenadine, die zum Süßen von Cocktails und Desserts verwendet wird.

Pochierte Eier auf Röstbrot mit Sardellen-Kapern-Sauce

delikat

- *Für 4 Personen*
- *Zubereitung: ca. 45 Min.*
- *ca. 570 kcal je Portion*

ZUTATEN

1 Glas eingelegte Sardellenfilets
1 Glas Kapern
2 EL (40 g) Salatmayonnaise (50 % Fett)
2 Becher (à 150 g) Vollmilchjoghurt
2 EL Zitronensaft
Salz
Pfeffer
1 Kopf Radicchio
4 EL Weißweinessig
8 Eier
4 Scheiben Bauern- oder Graubrot
4 TL Butter
einige Stiele Dill zum Garnieren

1. Für die Sauce Sardellenfilets und Kapern getrennt abtropfen lassen. Zwei Drittel der Sardellenfilets fein zerdrücken und mit Mayonnaise, Joghurt und Zitronensaft verrühren. Sauce mit Salz und Pfeffer würzig abschmecken. Kapern, bis auf 1 Esslöffel, unterrühren.

2. Die übrigen Sardellenfilets in lange Streifen schneiden. Salat putzen, waschen und abtropfen lassen.

3. Einen Liter Wasser und Essig aufkochen. Eier einzeln in eine Tasse aufschlagen und vorsichtig in das nicht mehr kochende Essigwasser gleiten lassen. Eier ca. 8 Minuten gar ziehen lassen, dabei während des Garens mit Hilfe von 2 Löffeln das Eiweiß um das Eigelb legen, damit die pochierten Eier eine schöne Form erhalten.

4. In der Zwischenzeit Brotscheiben im Toaster oder Backofen rösten. Jede Scheibe mit einem Teelöffel Butter bestreichen und die Salatblätter darauf verteilen.

5. Eier mit einer Schaumkelle herausnehmen und abtropfen lassen. Je 2 Eier auf eine Brotscheibe legen. Etwas Sauce über die Eier gießen und mit den übrigen Sardellenfilets und Kapern bestreuen.

6. Dill waschen, kleine Sträuße abzupfen und darüber streuen. Übrige Sauce extra dazu reichen.

Ciabatta mit fritierten Sardinen und Knoblauch

würzig

- *Für 4 Personen*
- *Zubereitung: ca. 1 Std.*
- *ca. 860 kcal je Portion*

ZUTATEN

16 frische Sardinen
150 g Mehl
Zitronensaft
Salz
Pfeffer
Sonnenblumenöl zum Fritieren
5 Knoblauchzehen
Fenchelgrün
2 Zitronen
1 Ciabatta-Brot

1. Die frischen Sardinen ausnehmen, gründlich waschen und trocken tupfen. Anschließend von innen und außen mit Salz, Pfeffer und Zitronensaft würzen.

2. Den Knoblauch schälen und fein würfeln. Das Fenchelgrün waschen und trocken schütteln. Die Zitronen in Spalten schneiden.

3. Das Öl in einer hohen Pfanne erhitzen. Die Sardinen in Mehl wälzen und portionsweise knusprig fritieren, auf Küchenkrepp abtropfen lassen und auf eine vorgewärmte Platte legen.

4. Nachdem alle Sardinen fritiert sind, diese mit gewürfeltem Knoblauch bestreuen, sowie mit Zitrone und Fenchelgrün garnieren.

5. Das Ciabattabrot in Scheiben schneiden und zu den Sardinen reichen.

TIPP

Knoblauch ist zwar sehr gesund, wegen seines penetranten Geruchs wird er jedoch von vielen abgelehnt. Gegen lästigen „Knoblauch-Atem" helfen Äpfel, Honig, Milch, frische Petersilie und Rotwein.

Lachsecken

raffiniert

- *Für 2 Personen*
- *Zubereitung: ca. 10 Min.*
- *ca. 410 kcal je Portion*
- *Dazu passt ein trockener Weißwein*

ZUTATEN

75 g Räucherlachs
1–2 EL Sahnemeerrettich
einige Tropfen Zitronensaft
1–2 EL gehackter Dill
1 EL mittelscharfer Senf
1–2 EL Crème fraîche
1–2 EL Preiselbeeren
Salz
frisch gemahlener Pfeffer
1 Prise Cayennepfeffer
4 Scheiben Toastbrot
1–2 EL Butter

1. Den Räucherlachs fein hacken. Mit Sahnemeerrettich, Zitronensaft, Dill, Senf, Crème fraîche und Preiselbeeren in eine Schüssel geben und gut verrühren.

2. Die Masse mit Salz, Pfeffer und Cayennepfeffer kräftig abschmecken.

3. Die Toastbrotscheiben mit Butter bestreichen, die Masse gleichmäßig darauf verteilen und zusammenklappen. Anschließend diagonal halbieren, anrichten und servieren.

Tramezzini mit Krabbenfleisch

edel

- *Für 2 Personen*
- *Zubereitung: ca. 15 Min.*
- *ca. 370 kcal je Portion*
- *Dazu passt ein Orangensalat mit Joghurtdressing*

ZUTATEN

75 g Krabben oder Crevetten, ausgelöst
Saft von 1/2 Zitrone
2 EL Crème fraîche
1 Frühlingszwiebel
1 Scheibe Ananas (frisch oder aus der Dose)
2 EL gehackter Dill
Salz
frisch gemahlener Pfeffer
1 Prise Cayennepfeffer
1 EL Sojasauce
4 Scheiben Toastbrot
1–2 EL Butter

1. Die Krabben oder Crevetten waschen, abtrocknen und mit dem Zitronensaft und der Crème fraîche im Mixer oder mit dem Pürierstab pürieren.

2. Die Frühlingszwiebel putzen und in feine Streifen schneiden. Die Ananas fein würfeln. Mit dem Dill unter die Krabbenmasse rühren.

3. Das Ganze mit Salz, Pfeffer, Cayennepfeffer und Sojasauce abschmecken.

4. Die Toastbrotscheiben mit Butter bestreichen, die Masse gleichmäßig darauf verteilen und zusammenklappen. Anschließend diagonal halbieren, anrichten und servieren.

Tramezzini mit Rosinen und Mandeln

Tramezzini mit Rosinen und Mandeln

lecker

- *Für 2 Personen*
- *Zubereitung: ca. 15 Min.*
- *ca. 550 kcal je Portion*
- *Dazu passen frische Erdbeeren*

ZUTATEN

3 EL Magerquark
1 kleines Ei
½ Päckchen Vanillezucker
3 EL Rumrosinen
1 EL Honig
1–2 EL Haferflocken
1–2 EL gehackte Mandeln
4 Scheiben Toastbrot
1–2 EL Butter

1. Den Quark mit dem Ei und dem Vanillezucker in eine Schüssel geben und glatt rühren.

2. Die Rumrosinen und den Honig darunter mischen. Das Ganze mit den Haferflocken leicht binden und ausquellen lassen.

3. Die Masse gleichmäßig darauf verteilen, zusammenklappen und im Sandwichtoaster 3 bis 4 Minuten toasten. Herausnehmen, diagonal halbieren, anrichten und servieren.

TIPP

Garnieren Sie die Tramezzini mit Erdbeeren und Zitronenmelisse. Das Aroma der Zitronenmelisse ergänzt sich wunderbar mit dem der Erdbeeren.

Nougattramezzini

Nougattramezzini

cremig

- *Für 2 Personen*
- *Zubereitung: ca. 15 Min.*
- *ca. 570 kcal je Portion*
- *Dazu passt ein Milchshake*

ZUTATEN

75 g Nougatrohmasse
3 EL Speisequark
einige Tropfen Orangenlikör
1 EL Honig
1–2 EL Kakaopulver
1–2 EL Haferflocken
4 Scheiben Toastbrot
1–2 EL Butter

1. Den Nougat zerbröckeln. Den Quark mit dem Nougat, dem Orangenlikör, dem Honig sowie dem Kakaopulver in eine Schüssel geben und glatt rühren.

2. Die Nougatmasse mit den Haferflocken leicht binden und ausquellen lassen.

3. Die Toastbrotscheiben mit Butter bestreichen, die Masse gleichmäßig darauf verteilen, zusammenklappen und im Sandwichtoaster 3 bis 4 Minuten toasten. Herausnehmen, diagonal halbieren, anrichten und servieren.

TIPP

Dieser Tramezzino kann auch als „schneller Kuchen" zum Nachmittagskaffee gereicht werden.

Schokotramezzini

Schokotramezzini

zartschmelzend

- *Für 2 Personen*
- *Zubereitung: ca. 10 Min.*
- *ca. 490 kcal je Portion*
- *Dazu passt Vanilleeis mit heißen Himbeeren*

ZUTATEN

3 EL Mascarpone (italienischer Frischkäse)
25 g flüssige Schokolade
1–2 EL Kakaopulver
einige Tropfen Schokoladenlikör
1 Prise Vanillezucker
1 Prise Zimtpulver
1–2 EL Haferflocken
4 Scheiben Toastbrot
1–2 EL Butter

1. Den Mascarpone mit der flüssigen Schokolade, dem Kakaopulver sowie dem Schokoladenlikör glatt rühren.

2. Mit Vanillezucker und Zimtpulver aromatisieren. Mit Haferflocken binden und ausquellen lassen.

3. Die Toastbrotscheiben mit Butter bestreichen, die Schokoladencreme gleichmäßig darauf verteilen, zusammenklappen und im Sandwichtoaster 3 bis 4 Minuten toasten. Herausnehmen, diagonal halbieren, anrichten und servieren.

TIPP

Zusammen mit Eiscreme und Früchten kreieren Sie einen außergewöhnlichen Nachtisch. Bestreuen Sie die Tramezzini abwechselnd mit Puderzucker und Kakaopulver.

Fruchtige Birnenecken

Fruchtige Birnenecken

süß

- *Für 2 Personen*
- *Zubereitung: ca. 15 Min*
- *ca. 420 kcal je Portion*
- *Dazu passt ein Glas Milch.*

ZUTATEN

1 säuerliche Birne
Saft von ½ Zitrone
30 g geraspelte Vollmilchschokolade
einige Tropfen Birnengeist
1–2 EL Speisequark
30 g geriebener Butterkäse
4 Scheiben Toastbrot
1–2 EL Butter

1. Die Birne schälen, entkernen, fein raspeln und sofort mit Zitronensaft beträufeln.

2. Die Vollmilchschokolade darunter mischen und mit Birnengeist aromatisieren. Den Quark und den Butterkäse darunter mischen.

3. Die Toastbrotscheiben mit Butter bestreichen, die Masse gleichmäßig darauf verteilen, zusammenklappen und im Sandwichtoaster 3 bis 4 Minuten tosten. Herausnehmen, diagonal halbieren, anrichten und servieren.

TIPP

Anstatt der Birne kann man auch andere Früchte verwenden, z. B. Äpfel oder fein geschnittene Zwetschgen. Entsprechend der Frucht wählt man Zwetschgenwasser oder Tresterbranntwein als Alkoholzusatz.

Pizzatoast

Pizzatoast

herzhaft

- *Für 4 Personen*
- *Zubereitung: ca. 20 Min.*
- *ca. 300 kcal je Portion*

ZUTATEN

100 ml passierte Tomaten
Salz
schwarzer Pfeffer
1–2 TL getrocknete italienische Kräutermischung
125 g Mozzarella
240 g Artischockenherzen aus der Dose
4 Scheiben Toastbrot
4 große Scheiben Parmaschinken
1 Zweig Basilikum
1 Zweig Oregano

1. Den Backofen auf 200 Grad vorheizen. Die Tomaten in eine Schüssel geben und mit Salz und Pfeffer und etwa 1 Teelöffel Kräutermischung abschmecken.

2. Den Mozzarella und die Artischockenherzen gut abtropfen lassen und in Scheiben schneiden.

3. Die Toastbrote hell rösten. Sie mit den passierten Tomaten bestreichen und mit Artischocken, Parmaschinken und Mozzarella belegen.
Das Ganze mit etwas Kräutermischung bestreuen.

4. Die Pizzatoasts im Backofen auf der zweiten Einschubleiste von oben 5 bis 10 Minuten überbacken.

5. Das Basilikum und den Oregano waschen und trockentupfen. Die Blätter abzupfen. Basilikumblätter in feine Streifen schneiden, Oreganoblätter fein hacken. Die Pizzatoasts vor dem Servieren damit garnieren.

Sandwich mit gebratenen Auberginen

Sandwich mit gebratenen Auberginen

sommerlich

- *Für 4 Personen*
- *Zubereitung: ca. 40 Min.*
- *ca. 250 kcal je Portion*

ZUTATEN

4 Scheiben Kastenweißbrot
2 kleine Auberginen
6 EL kaltgepresstes Olivenöl
frisch gemahlener Pfeffer
Salz
4 EL geriebener Parmesan
1 Knoblauchzehe
1 Bund Blattpetersilie

1. Die Auberginen waschen, abtrocknen und den Stielansatz abschneiden. Anschließend der Länge nach in ca. 5 mm dicke Scheiben schneiden. Diese auf eine Porzellanplatte legen, mit Salz bestreuen und ca. 15 Minuten ziehen lassen. Die Blattpetersilie waschen, trocken schütteln und zerzupfen.

2. Die Knoblauchzehe schälen und durch die Knoblauchpresse drücken. Die durchgezogenen Auberginenscheiben mit Küchenkrepp trocken tupfen und mit dem Knoblauchmus einreiben.

3. Das Olivenöl in einer Pfanne erhitzen. Die Auberginenscheiben portionsweise ca. 2 Minuten auf jeder Seite goldbraun braten. Sie anschließend auf eine Platte legen, mit frischgemahlenem Pfeffer würzen und mit geriebenem Parmesan bestreuen.

4. Das Kastenweißbrot leicht toasten. Je 2 Scheiben mit den noch lauwarmen Auberginenscheiben belegen. Blattpetersilie darüberstreuen und mit den restlichen Brotscheiben zudecken, leicht andrücken und diagonal durchschneiden.

Tramezzini mit Geflügelfleisch und Frischkäse

für unterwegs

- *Für 4 Personen*
- *Zubereitung: ca. 45 Min.*
- *ca. 300 kcal je Portion Geflügel-Tramezzini*
- *ca. 280 kcal je Portion Frischkäse-Tramezzini*

ZUTATEN

Für 6 Geflügel-Tramezzini:

300 g gegartes Hühnchenfleisch
frisch gemahlener Pfeffer
Salz
Paprikapulver edelsüß
1 Kopfsalat
6 Scheiben Toastbrot
4 EL Remoulade

Für 6 Frischkäse-Tramezzini

6 Scheiben Vollkornbrot
1 Packung (200 g) Doppelrahm-Frischkäse
2 Bund Radieschen
frisch gemahlener Pfeffer

1. Für die Geflügel-Tramezzini das Geflügelfleisch in feine Scheiben schneiden. Mit Salz, Pfeffer und Paprika würzen.

2. Den Kopfsalat putzen, waschen und abtropfen lassen. Toastbrotscheiben mit Remoulade bestreichen. Drei Scheiben mit Kopfsalat und Geflügelfleisch belegen. Die restlichen Toastbrothälften darauf legen.

3. Für die Frischkäse-Tramezzini drei Vollkorntoastscheiben mit Frischkäse bestreichen. Radieschen putzen, waschen und in Scheiben schneiden. Den Frischkäse damit belegen. Anschließend mit dem frisch gemahlenen Pfeffer würzen.

4. Die restlichen drei Vollkornbrotscheiben darauf legen, zusammendrücken und die Sandwiches diagonal durchschneiden.

TIPP

Diese appetittlich belegten Tramezzini sind ideal als Imbiss für unterwegs oder als Bestandtteil eines Picknicks. Allerdings sollte man sie gekühlt transportieren und servieren.

Leichtes Picknick-Sandwich

einfach

- *Für 2 Personen*
- *Zubereitung: ca. 20 Min.*
- *ca. 300 kcal je Portion*

ZUTATEN

2 Baguettes
½ Salatgurke
1 Ei
1 Dose Thunfisch in Wasser
2 EL Magerquark
2 TL Tomatenmark
Oregano
Basilikum
Schnittlauchröllchen
Salz
frisch gemahlener Pfeffer
einige Blätter Römischer Salat

1. Den Magerquark verrühren, mit fein geschnittenem Oregano, Basilikum und Schnittlauch mischen und mit Salz, Pfeffer und Tomatenmark abschmecken.

2. Die Salatgurke in Scheiben schneiden. Den Thunfisch gut abtropfen lassen und portionsweise zerpflücken. Das hart gekochte Ei schälen und in Scheiben schneiden.

3. Die Baguettes längs halbieren und mit der Quarkcreme bestreichen. Anschließend fischgrätenförmig abwechselnd mit Gurken- und Eischeiben sowie Thunfischstücken belegen. Abschließend mit getrocknetem Oregano und frisch gemahlenem Pfeffer bestreuen. Die Baguettes zusammenklappen und gut verpacken.

RÖMISCHER SALAT

Römischer Salat, auch Bindesalat genannt, hat lange dunkelgrüne Blätter, die dicker sind als beim Kopfsalat, so dass sie nach dem Anrichten auch länger frisch und knackig bleiben. Römischer Salat hat eine angenehm süßliche Note. Seine Erntezeit liegt in den Sommermonaten. Von allen Blattsalatsorten verfügt Römischer Salat über den höchsten Vitamin-C-Gehalt. Im Kühlschrank hält sich der Salat etwa eine Woche.

Panini mit gedünstetem Gemüse

sommerlich

- *Für 4 Personen*
- *Zubereitung: ca. 1 Std.*
- *ca. 235 kcal je Portion*

ZUTATEN

4 italienische Rosmarinbrötchen
1 Fenchelknolle
1 kleiner Bleichsellerie
1 Zwiebel
1 rote Paprikaschote
2 Knoblauchzehen
4 EL Olivenöl
3 EL geriebener Parmesan
Salz
frisch gemahlener Pfeffer

1. Das Gemüse waschen und vorbereiten. Dazu die Fenchelknolle längs halbieren, den Wurzelansatz keilförmig herausschneiden und den Fenchel quer in feine Scheiben schneiden. Die Paprikaschote halbieren, Kerne und Trennhäute entfernen und in lange Streifen schneiden. Nicht mehr als 4 Stangen des zarten Bleichselleriekerns in etwa 1 cm lange Stücke schneiden. Die geschälte Zwiebel in Ringe und den geschälten Knoblauch in feine Würfel schneiden.

2. Das Olivenöl in einer Pfanne erhitzen, zunächst Zwiebel und Knoblauch darin anbraten, dann das restliche Gemüse hinzufügen. Mit Salz und frisch gemahlenem Pfeffer würzen und bei geschlossenem Pfannendeckel bei mittlerer Temperatur etwa 20 Minuten dünsten. Der Gemüsesaft sollte eingekocht sein.

3. Das Gemüse abkühlen lassen. Die Rosmarinbrötchen aufschneiden. Die unteren Hälften mit dem noch lauwarmen Gemüse belegen, mit Parmesan bestreuen und eventuell mit Bleichselleriegrün garnieren. Die obere Brötchenhälfte aufsetzen und leicht andrücken.

FENCHEL

Gemüsefenchel ist ein typisch italienisches Gemüse, das in seiner Heimat vorwiegend roh als Salat gegessen wird. Doch auch gedünstet schmeckt es hervorragend. Die Fenchelsaison war ursprünglich von Winter bis Frühling, doch heute ist Fenchel das ganze Jahr über erhältlich. Typisch für Fenchel ist sein starkes Anisaroma. Teile des Fenchelgrüns sollten immer mit verwandt werden.

Champignon-Leber-Crostini

Champignon-Leber-Crostini

fein

- *Für 2 Personen*
- *Zubereitung: ca. 40 Min.*
- *ca. 370 kcal je Portion*

ZUTATEN

100 g frische Champignons
1 Stück Sellerie (ca. 20 g)
1 kleine Möhre
1 TL Olivenöl
1 TL Butter
1 Schalotte
125 g Geflügelleber
1 EL gehackte Petersilie
1 EL Semmelbrösel
1 TL Zitronensaft
Salz und Pfeffer
1 TL Parmesan
6 Scheiben Weißbrot

1. Die Champignons putzen. Den Sellerie und die Möhre putzen und waschen. Alles in kleine Würfel schneiden.

2. Das Öl und die Butter in einer Pfanne erhitzen. Die Schalotte schälen, fein würfeln und darin andünsten. Die Champignons, das Gemüse und die geputzte, gewaschene und abgetrocknete Leber dazugeben und alles etwa 5 Minuten schmoren.

3. Das Ganze im Mixer fein pürieren oder sehr fein hacken. Die Lebermasse mit der Petersilie zurück in die Pfanne geben, 3 Esslöffel Wasser hinzufügen und alles etwa 5 Minuten köcheln lassen. Das Ganze mit den Semmelbröseln binden.

4. Die Leberfarce mit Zitronensaft, Salz, Pfeffer und Parmesan abschmecken. Den Backofen auf 200 Grad Oberhitze vorheizen.

5. Die Lebercreme auf die Brotscheiben streichen. Das Ganze im Ofen kurz überbacken.

Bauernbrot mit Kaperncreme und Rucola

rustikal

- *Für 4 Personen*
- *Zubereitung: ca. 30 Min.*
- *ca. 275 kcal je Portion*

ZUTATEN

4 Scheiben Bauernbrot
150 g Doppelrahmfrischkäse
2 EL Vollmilchjoghurt
1 TL Balsamicoessig
Salz
frisch gemahlener Pfeffer
1 Frühlingszwiebel
1 kleines Glas Kapern
einige Blätter Rucola
1 hart gekochtes Ei

1. Frischkäse und Joghurt miteinander cremig verrühren. Anschließend den Rucola waschen und gut abtropfen lassen.

2. Die Kapern abtropfen lassen und fein hacken. Die Frühlingszwiebel waschen und in Ringe schneiden. Beides unter die Käsemasse rühren. Diese mit Balsamicoessig, Salz und Pfeffer würzig abschmecken.

3. Die Brotscheibe großzügig mit der Masse bestreichen. Die Brote mit Rucolablättern und Eischeiben garnieren.

TIPP

- *Rucola übt eine belebende Wirkung auf den Organismus aus und ist eine Bereicherung des Speisezettels.*

RUCOLA

Rucola oder auch Rauke genannt, gehört zu den vergessenen und wiederentdeckten Salatsorten. Verzehrt werden die jungen Blätter des in seiner Form an Radieschen erinnernden Krautes. Die kräftigen, leicht nussig und etwas scharf schmeckenden Salatblätter geben jedem Gericht eine pikante Note.

Ciabatta-Sandwich

Ciabatta-Sandwich

frisch

- *Für 4 Personen*
- *Zubereitung: ca. 10 Min.*
- *ca. 340 kcal je Portion*

ZUTATEN

75 g Blauschimmelkäse
4 EL Butter
8 mittelgroße Champignons
4 Tomaten
½ Kopfsalat
1 Ciabattabrot
grob gemahlener bunter Pfeffer
4 Scheiben Parmaschinken

1. Den Blauschimmelkäse und die Butter mit einer Gabel zerdrücken und vermischen.

2. Den Salat putzen und waschen, geputzte Champignons und gewaschene, vom runden Ende befreite Tomaten in Scheiben schneiden.

3. Das Ciabatta-Brot in Scheiben schneiden. Eine Scheibenhälfte mit der Käse-Butter-Mischung bestreichen. Abgetropfte Salatblätter auf die andere Scheibenhälfte verteilen, darauf Champignon- und Tomatenscheiben schichten und mit buntem Pfeffer bestreuen. Belag mit je einer Scheibe Parmaschinken abschließen. Die bestrichene Brotscheibe obenauf setzen und leicht andrücken.

Gebackene Tomaten mit Rosmarin und Crostini

fruchtig

- *Für 4 Personen*
- *Zubereitung: ca. 1 Std. 15 Min.*
- *ca. 230 kcal je Portion*

ZUTATEN

4 Fleischtomaten
1 TL Butter
1 Zweig frischer Rosmarin
3 Knoblauchzehen
Salz
2 EL Olivenöl
1 Bund Blattpetersilie
2 EL Sonnenblumenkerne
1 TL grüne Pfefferkörner
4 Scheiben Toskanabrot

1. Die Tomaten waschen, den Stielansatz entfernen und die Oberflächen kreuzweise einschneiden. Eine flache Auflaufform mit der Butter ausfetten und die Tomaten mit der Rundung nach oben hineinsetzen.

2. Die Nadeln von den Rosmarinzweigen zupfen und fein hacken. Den Knoblauch schälen und mit Salz zerreiben. Knoblauch, Rosmarin und Olivenöl in einer kleinen Schüssel verrühren.

3. Die Petersilie waschen und fein schneiden. Die Sonnenblumenkerne und die Pfefferkörner fein hacken. Die zerkleinerten Zutaten unter das Knoblauch-Rosmarin-Öl mischen.

4. Die Tomateneinschnitte auseinanderdrücken und die Kräuter-Öl-Mischung einfüllen. Die Tomaten etwas mit Olivenöl einpinseln und im vorgeheizten Backofen bei 180 Grad ca. 40 Minuten backen.

5. Das Toskanabrot leicht toasten und zu den heißen Tomaten reichen. Den beim Braten entstandenen Saft als Tunke mit dem Brot aufnehmen.

Brotecken mit Pilzen und Camembert

Brotecken mit Pilzen und Camembert

köstlich

- *Für 4 Personen*
- *Zubereitung: ca. 30 Min.*
- *ca. 230 kcal je Portion*

ZUTATEN

2 Zwiebeln
2 EL Butter
1 EL Olivenöl
400 g frische Champignons
Salz
Pfeffer
1–2 EL Zitronensaft
1 Camembert (120 g)
glatte Petersilie
4 Scheiben Kastenweißbrot

1. Zwiebeln schälen und fein würfeln. Butter und Öl in einer Pfanne erhitzen, die Zwiebelwürfel darin andünsten.

2. Pilze putzen, waschen und in Scheiben schneiden. Zu den Zwiebeln geben und kurz mitbraten. Mit Salz, Pfeffer und Zitronensaft würzen.

3. Camembert grob würzen. Zu den Pilzen in die Pfanne geben und schmelzen lassen. Die Petersilie waschen, trockenschütteln, klein zupfen und unterrühren.

4. Das Weißbrot toasten und diagonal in Dreiecke schneiden. Je 2 Dreiecke auf einen Teller legen und die Pilz-Käse-Masse darauf verteilen. Mit Petersilienblättern dekorieren.

Röstbrot mit Radicchio-Salat

Röstbrot mit Radicchio-Salat

ballaststoffreich

- *Für 2 Personen*
- *Zubereitung: ca. 30 Min.*
- *ca. 320 kcal je Portion*

ZUTATEN

150 g große weiße Bohnen (gegart aus der Dose)
2 EL Balsamessig
70 g magerer Schinkenspeck
200 g Radicchio
Salz
Pfeffer
2 Scheiben Bauernbrot

1. Bohnen in einem Sieb gründlich abspülen und abtropfen lassen. In einem Topf mit dem Balsamicoessig erhitzen.

2. Frühstücksspeck in feine Streifen schneiden. In einer beschichteten Pfanne ohne Fett bei kleiner Hitze knusprig ausbraten.

3. Den Radicchio putzen und gründlich waschen. 2 Radicchioblätter beiseite legen, die restlichen in feine Streifen schneiden.

4. Speck und Radicchiostreifen zu den Bohnen geben. Mit Salz und Pfeffer abschmecken. Dann das Öl unterrühren.

5. Das Vollkornbrot im Toaster rösten. Jede Scheibe mit einem Radicchioblatt belegen und den warmen Salat darauf verteilen.

Lachstoast mit Ei und Salat

edel

- *Für 4 Personen*
- *Zubereitung: ca. 15 Min.*
- *ca. 210 kcal je Portion*

ZUTATEN

4 EL saure Sahne 10 % Fett
3 TL körniger Senf
1 TL mittelscharfer Senf
Salz
Pfeffer
200 g Räucherlachs in dicken Scheiben
2 TL Kapern (aus dem Glas)
1 kleine Zwiebel
4 Scheiben Toastbrot
einige Salatblätter
2 hart gekochte Eier zum Garnieren

1. Die saure Sahne mit dem Senf verrühren. Mit Salz und Pfeffer abschmecken.

2. Den Lachs in kleine Würfel schneiden und mit den Kapern mischen. Die Zwiebel schälen und fein würfeln.

3. Das Weißbrot mit der Senfcreme bestreichen und mit den Salatblättern belegen. Lachstatar und Zwiebeln darauf verteilen und die Brotscheiben diagonal durchschneiden. Die Eier pellen und vierteln. Die Brotecken mit den Eivierteln garnieren.

TIPPS

- *Zu diesem feinen Imbiss passt ein halbtrockener, leichter Weißwein.*
- *Die Weißbrotschnitten leicht gekühlt servieren.*

KAPERN

Kapern sind die Blütenknospen des mehrjährigen Kapernstrauches, der im Mittelmeer beheimatet ist. Kapern werden in Essig, Salzlake oder Wein eingelegt. Kleine Kapern sind teurer, dafür aber schmackhafter und aromatischer als große. Das säuerliche, manchmal etwas bittere Aroma der Kapern verleiht Sandwiches und anderen Gerichten einen pikanten Geschmack.

Spargelgratin auf Crostini

fein

- *Für 4 Personen*
- *Zubereitung: ca. 1 Std.*
- *ca. 300 kcal je Portion*
- *Dazu passt Reis*

ZUTATEN

750 g weißer Spargel
750 g grüner Spargel
Salz
3 EL Butter
1 TL Zucker
250 g geschälte Scampi
4 feste Tomaten
125 g Mozzarella
8 Scheiben Ciabattabrot
2 EL in feine Streifen geschnittene Basilikumblätter
2 EL kaltgepresstes Olivenöl
schwarzer Pfeffer
Cayennepfeffer

1. Den Spargel waschen und putzen. Die weißen Spargelstangen ganz, die grünen nur im unteren Drittel schälen.

2. Reichlich Salzwasser in einem großen Topf aufkochen, 2 Esslöffel Butter und den Zucker dazugeben. Zuerst den weißen Spargel hineinlegen und je nach Dicke der Stangen in 8 bis 12 Minuten garen. Ihn dann herausheben und gut abtropfen lassen. Anschließend den grünen Spargel in das Kochwasser geben. Ihn ebenfalls je nach Dicke der Stangen etwa 15 Minuten garen und danach gut abtropfen lassen.

3. Den Backofen auf 220 Grad vorheizen. Eine große, eckige Gratinform mit der restlichen Butter ausfetten. Abwechselnd je einige weiße und grüne Spargelstangen hineingeben.

4. Die Scampi entdärmen, in einem Sieb mit kaltem Wasser abbrausen und gut abtropfen lassen. Die Tomaten waschen, von den Stielansätzen befreien und achteln. Den Mozzarella abtropfen lassen und in dünne, schmale Streifen schneiden.

5. Die Tomatenspalten zwischen die Enden der Spargelstangen legen. Die Scampi und die Basilikumstreifen vermischen und gleichmäßig über den Spargel geben.

6. Die Mozzarellastreifen über die Scampi und den Spargel streuen, das Olivenöl darüber träufeln und alles mit schwarzem Pfeffer und Cayennepfeffer würzen. Das Gericht auf der mittleren Einschubleiste in den Ofen schieben und etwa 15 Minuten gratinieren.

7. Die Ciabattascheiben im Toaster rösten. Je 2 Scheiben auf einem Teller anrichten. Den Spargel auf die Crostini verteilen.

Spargelgratin auf Crostini

Italienische Pilzsuppe mit Crostini

köstlich

- *Für 4 Personen*
- *Zubereitung ca. 1 Std.*
- *ca. 240 kcal je Portion*

ZUTATEN

1 kg frische Pilze (Champignons oder Waldpilze)
2 große Zwiebeln
5 Knoblauchzehen
5 EL Olivenöl
Salz
Pfeffer
2 gehäufte EL Mehl
2 reife Tomaten
Basilikum
Blattpetersilie
8 Scheiben Ciabattabrot

1. Die Pilze gründlich säubern und in dünne Scheiben schneiden. Zwiebel und Knoblauch schälen, fein schneiden und in Olivenöl hellgelb anbraten. Die Pilze hinzufügen.

2. Sobald die Pilze an Wasser verloren haben und etwas eingekocht sind, das Mehl dazugeben, verrühren und mit ca. 1,5 Liter Wasser aufgießen. Anschließend 30 Minuten köcheln lassen.

3. Die Tomaten am runden Ende über Kreuz einritzen, kurz überbrühen, abschrecken und enthäuten. Sie dann vierteln, von den Stielansätzen befreien und fein würfeln.

4. Die Tomatenwürfel zur Suppe zugeben. Mit Salz, Pfeffer und frischen Kräutern würzen.

5. Die Ciabattascheiben im Backofen oder Toaster rösten und zur Suppe reichen.

Rezeptverzeichnis nach Rubriken

Mit Fisch und Meeresfrüchten

Brokkoli mit geröstetem Weißbrot 23
Bruschetta-Variationen 10
Baguette, buntes 35
Ciabatta mit fritierten Sardinen und Knoblauch 66
Fischsuppe mit Crostini 14
Krabbensandwich mit Salat 60
Lachsecken 68
Lachtoast mit Weißbrot, Ei und Salat 88
Leichtes Picknick-Sandwich 78
Neonata, marinierte, mit Zitrone und Crostini 13
Sandwich mit Thunfischcreme und Sellerie 55
Sandwichtoast mit Sardellenpaste 32
Spargelgratin auf Crostini 90
Tramezzini mit Krabbenfleisch 68
Weißbrotröllchen mit Forellencreme und Kresse 59

Mit Fleisch und Wurstwaren

Ciabatta mit marinierter Rinderlende 20
Ciabatta-Sandwich 83
Champignontramezzini 42
Festtagssandwich 37
Italienischer Brotkorb mit Schinken-Knoblauch-Butter 56
Panini mit Meerrettichcreme und Parmaschinken 34
Pizzatoast 74
Rindfleischtoast mit Basilikum 52
Salamisandwich 44
Sandwichtoast mit Knoblauchpaste 32
Sandwichtoast mit Schnittlauch-Ei 41
Sandwichtoast mit Ei und Gemüse 40
Schlemmerbaguette 36
Tramezzini mit Geflügelfleisch und Frischkäse 76
Tramezzini mit Mozzerella und Salami 70
Tramezzini mit Parmaschinken 43

Mit Käse

Bauernbrot mit Kaperncreme und Rucola 82
Brokkoli mit geröstetem Weißbrot 23
Brotecken mit Pilzen und Camembert 84
Champignon-Leber-Crostini 81
Ciabatta mit marinierter Rinderlende 20
Ciabatta mit Spinat und Mozzarella 26
Crostini-Variationen 18
Festtagssandwich 39
Italienisches Sandwich 28
Lebercrostini 16
Panini mit gedünstetem Gemüse 80
Panini mit Käsecreme und Granatapfel 63
Panini mit Ricotta-Kräuter-Creme 46
Pizzatoast 89
Rindfleischtoast mit Basilikum 52
Sandwich mit Olivenpesto und Schafskäse 47
Sandwichtoast mit Ei und Gemüse 40

Sandwichtoast
mit Sardellenpaste 32
Sandwichtoast
mit Schnittlauch-Ei 41
Schlemmerbaguette 36
Spargelgratin auf
Crostini 90
Tomaten-Mozzerella-
Crostini 17
Tramezzini mit Mozzerella
und Salami 70
Tramezzini mit
Olivenfüllung 39
Tramezzini mit Provolone 58

Mit Gemüse

Brokkoli mit geröstetem
Weißbrot 23
Bruschetta-Variationen 10
Bunt belegte Tramezzini 30
Buntes Baguette 35
Crostini mit Bohnen-
gemüse 22
Crostini-Variationen 18
Fencheltoast 62
Gebackene Tomaten mit
Rosmarin und Crostini 84
Knoblauchtramezzini 39
Panzanella 12
Röstbrot mit Radicchio-
Salat 87
Sandwich mit gebratenen
Auberginen 75
Sandwich mit grünem
Spargel 54
Sandwichtoast mit Ei
und Gemüse 40
Sandwichtoast
mit Knoblauchpaste 32
Schlemmerbaguette 36
Spargelgratin
auf Crostini 90
Tomatensuppe mit Brot 15
Tramezzini mit Käse und
Möhren 30

Mit Ei

Festtagssandwich 37
Lachstoast mit Weißbrot, Ei
und Salat 88
Leichtes Picknick-
Sandwich 78
Orangenbrot mit
Mandeln 24
Pochierte Eier auf
Röstbrot mit Sardellen-
Kapern-Sauce 64
Leichtes Picknick-
Sandwich 42
Sandwichtoast
mit Schnittlauch-Ei 41
Tofusandwich 31
Tramezzini mit Mozzarella
und Salami 48

Mit Pilzen

Brotecken mit Pilzen und
Camembert 86
Champignontramezzini,
feine 43
Ciabatta-Sandwich 83
Pilzsuppe, italienische,
mit Crostini 91

Mit Obst und Nüssen

Fencheltoast 62
Birnenecken, fruchtige 77
Lachsecken 68
Mascarponebrötchen 27
Marinierte Trauben mit
Crostinispießen 50
Panini mit Käsecreme und
Granatapfel 68
Tramezzini mit Käse und
Möhren 30
Tramezzini mit Rosinen
und Mandeln 70

Süße Tramezzini

Birnenecken, fruchtige 73
Nougattramezzini 71
Schokotramezzini 72
Tramezzini mit Rosinen
und Mandeln 70

Alphabetisches Rezeptverzeichnis

Basilikum 48
Bauernbrot mit Kaperncreme und Rucola 82
Birnenecken, fruchtige 73
Brokkoli mit geröstetem Weißbrot 23
Brot 12
Brotecken mit Pilzen und Camembert 86
Bruschetta-Variationen 10
Buntes Baguette 35

Champignon-Leber-Crostini 81
Champignontramezzini, feine 43
Ciabatta mit fritierten Sardinen und Knoblauch 66
Ciabatta mit marinierter Rinderlende 20
Ciabatta mit Spinat und Mozzarella 26
Ciabatta-Sandwich 83
Crostini mit Bohnengemüse 22
Crostini-Variationen 18

Fenchel 80
Fencheltoast 62
Festtagssandwich 37
Fischsuppe mit Crostini 14

Gebackene Tomaten mit Rosmarin und Crostini 84
Gorgonzola 28
Granatapfel 63
Grüner Spargel 54

Italienische Pilzsuppe mit Crostini 91
Italienischer Brotkorb mit Schinken-Knoblauch-Butter 56
Italienisches Sandwich 28

Kapern 88
Knoblauchtramezzini 38
Krabbensandwich mit Salat 60

Lachsecken 68
Lachstoast mit Ei und Salat 88
Lebercrostini 16
Leichtes Picknick-Sandwich 78

Marinierte »Neonata« mit Zitrone und Crostini 13
Marinierte Trauben zu Crostinispießen 50
Mascarpone 27
Mascarpone-Brötchen 27
Mozzarella 17

Nougattramezzini 71

Olivenöl 10
Orangen 24
Orangenbrot mit Mandeln 24

Panini mit gedünstetem Gemüse 80
Panini mit Käsecreme und Granatapfel 63
Panini mit Meerrettichcreme und Parmaschinken 34
Panini mit Putenstreifen und Orangen 46
Panini mit Ricotta-Kräuter-Creme 46
Panzanella – Italienischer Brotsalat 12
Parmaschinken 34
Pilzsuppe, italienische, mit Crostini 91
Pizzatoast 74
Pochierte Eier auf Röstbrot mit Sardellen-Kapern-Sauce 64
Provolone 58

Ricotta 30
Rinderfilet 20
Rindfleischtoast mit Basilikum 52
Römischer Salat 78
Röstbrot mit Radicchio-Salat 87
Rucola 82

Salami 44
Salamisandwich 44
Salbei 16
Sandwich mit gebratenen Auberginen 75
Sandwich mit grünem Spargel 54
Sandwich mit Olivenpesto und Schafskäse 47
Sandwich mit Thunfischcreme und Sellerie 55
Sandwichtoast mit Ei-Gemüse 40
Sandwichtoast mit Knoblauchpaste 32
Sandwichtoast mit Sardellenpaste 32

Sandwichtoast mit Schnittlauch-Ei 41
Schlemmerbaguette 36
Schokotramezzini 72
Spargelgratin auf Crostini 90
Spinat 26

Tabascosauce 62
Tofusandwich 31
Tomaten, gebackene, mit Rosmarin und Crostini 84
Tomaten-Mozzarella-Crostini 17
Tomatensuppe mit Brot 15
Tramezzini mit Geflügelfleisch und Frischkäse 76
Tramezzini mit Käse und Möhren 30
Tramezzini mit Krabbenfleisch 68
Tramezzini mit Mozzarella und Salami 48
Tramezzini mit Olivenfüllung 38
Tramezzini mit Parmaschinken 42
Tramezzini mit Provolone 58
Tramezzini mit Rosinen und Mandeln 70
Trauben, marinierte, zu Crostinispießen 50

Walnüsse 50
Weißbrot-Röllchen mit Forellencreme und Kresse 59

Ziegenkäse 35
Zitronenthymian 60

kursiv: Infokasten

Im FALKEN Verlag sind zahlreiche Titel zum Thema „Essen und Trinken" erschienen. Sie erhalten sie überall dort, wo es Bücher gibt.

Sie finden uns im Internet: **www.falken.de**

Dieses Buch wurde auf chlorfrei gebleichtem und säurefreiem Papier gedruckt.

Der Text dieses Buches entspricht den Regeln der neuen deutschen Rechtschreibung.

ISBN 3 8068 2510 6

Umschlaggestaltung: Rincon² Design & Produktion GmbH, Köln
Gestaltung: Horst Bachmann
Redaktion: Elly Lämmlen
Umschlagfoto: Union Deutsche Lebensmittelwerke GmbH, Hamburg/**Dante Margarine**
Rezeptfotos: Falken Archiv, Niedernhausen;
außer: **City Food & Foto; Heinrich Bauer Service KG,** Hamburg: S. 11, 19, 35, 37, 45, 49, 51, 53, 65, 74, 79.
CMA, Bonn/Bad Godesberg: S. 25, 59, 86, 87; **Union Deutsche Lebensmittelwerke GmbH,** Hamburg/**Dante Margarine:** S. 17.
TLC-Foto-Studio GmbH, Velen-Ramsdorf: S. 8/9, 47, 55, 57, 61, 63, 67, 69, 75, 77, 85, 89.
Produktion: Buch-Werkstatt GmbH, Bad Aibling

Satz: Buch-Werkstatt GmbH, Bad Aibling
Druck: Appl, Wemding

817 2635 4453 62 71

Rezepte! Rezepte!! Rezepte!!!

Von K.-H. Menge
ISBN: 3-8068-2380-4

Von K.-H. Menge, C. Schmidt
ISBN: 3-8068-2286-7

Von B. Aepli
ISBN: 3-8068-2379-0

Von R. M. Donhauser
ISBN: 3-8068-1994-7

Alle Bände durchgehend vierfarbig,
96 Seiten, ca. 60 Farbfotos, kartoniert,
DM 16,90

FALKEN

Stand der Preise 1.7.1999 · Änderungen vorbehalten